JN437728

산골 농부로 태어난 책벌레

서파西陂 유희柳僖 산문선

저자 서파 유희 · 역자 오보라

<**차례**>

일러두기

- 이 책은 유희의 『문통(文通)』(한국학중앙연구원 장서각 소장 74종본 MF No.35-13455~13461, 45종본 MF No.35-11920~11923) 중 『방편자문록(方便子文錄)』·『방편자서독(方便子書牘)』·『문견수록(聞見隨錄)』에 수록된 유희의 산문을 가려 뽑아 번역한 것이다.
- 원문은 여러 이본을 교감하여 글자를 바로잡고, 표점을 붙여 책 말미에 수록하였다.
- 필요한 경우 각주를 달아 작품의 이해를 돕고자 하였다.
- 각 작품에는 원제목을 바탕으로 작품의 내용을 함축적으로 드러내는 제목을 붙였다.
- 작품에 대한 역자의 짤막한 감상과 해설을 각 작품의 뒤에 덧붙였다.
- 이 책은 진주류씨목천공파종친회의 학술지원으로 발간되었다.

서문

문장(文章)이라는 약재는 본래 명칭이 입언(立言)이다. 맛이 맵고 쓰고 기운이 차고 서늘하며, 양(陽) 중의 양이면서 독이 없다. 어떤 이는 약간의 독이 있다고도 한다.

위 구절은 유희의 「희보본초(戲補本草)」 2번째 조목의 첫 문장이다. 유희는 이 글에서 문장을 하나의 약재에 비유하여, 문장의 효용과 부작용을 참신한 표현으로 서술했다. 이 글은 『본초경(本草經)』의 문체를 본떠서 지은 희작(戲作)으로, 우리나라 문인들의 문집에서 좀처럼 찾아보기 드문 형식의 글이다.

약 9년 전 박사과정 재학 시절, 나는 고려대 민족문화연구원의 연구원으로 근무하면서 이 글을 처음 접했다. 당시 나는 『방편자문록(方便子文錄)』에서 문학과 관련된 글을 뽑아 번역하는 업무를 맡고 있었기에, 『방편자문록』을 훑어보던 중 이 글을 우연히 보게 되었다. 그 당시에는 이 글의 문체와 내용을 제대로 파악하지 못하여 겨우 번역을 미봉하는 수준에서 그쳤다. 이후 박사논문을 집필할 때 이르러서야 이 글과 관련된 문체의 계보를 파악하여, 이 글에 대한 간단한 분석을 논문에서 덧붙일 수 있었다.

유희는 문장의 속성을 "맛이 맵고 쓰다"고 정의했다. 이는 글 쓰는 일에 대한 유희의 감정을 단적으로 보여준다고 생각한다. 유희의 문집 속에는 훌륭한 문장을 남겼으나 고단한 삶을 보냈던 문인들이 자주 등장한다. 유희 자신도 평생 글쓰기에 매진하여 『문통(文通)』이라는 거질의 총서를 남겼으나, 순탄치 않은 삶을 살았다. 유희는 여러 이유로 관직에 진출하지 못한 탓에, 부귀영달과는 거리가 먼 인생을 보냈다. 그런 유희에게 글을 읽고 쓰는 일은 삶의 전부와도 같았다. 유희는 여러 글에서 글 쓰는 일이 몹시 괴롭다고 말하면서도, 또한 글쓰기의 벽(癖)에 깊이 빠져 있는 스스로의 모습을 자조했다. "맵고 쓰지"만 결코 벗어날 수 없는 것, 그것이 바로 유희가 생각하는 글쓰기였다.

평생 글쓰기의 벽에 빠져 있던 유희는 실로 다채로운 글을 남겼다. 형식의 측면에서도, 내용의 측면에서도, 다른 문인들의 문집에서 보기 드문 글이 『문통』에 다수 수록되어 있다. 유희의 독서 범위가 방대하고 그가 구사한 문체와 인용한 전거 또한 다양하기 때문에, 유희의 글을 이해하는 것은 좀처럼 쉽지 않다. 하지만 유희의 글은 색다른 매력을 갖고 있기에, 그 글을 읽는 것이 어렵고 힘들기만 하지는 않다. 유희의 글은 정제된 세련미를 지니지는 않았지만 투박하고 솔직한 매력이 있다. 아울러 어떠한 내상을 바라보는 유희의 독특한 시선은 곱씹어 볼수록 깊은 맛이 느껴진다.

이 책은 유희의 삶과 문학, 그리고 학문 경향을 잘 보여준다고 생각되는 글 몇 편을 뽑아 번역하고 간단한 해설을 덧붙인 것이다. 기존에 발표한 나의 논문들에서 부분적으로 인용했던 글들도 여러 편 포함되어 있다.

내가 아닌 어떤 사람을 온전히 이해한다는 것은 쉽지 않은 일이다. 더구나 옛사람을 글로써만 접하여 그의 삶과 생각을 이해한다는 것은 더더욱 어려운 일이다. 이에 2000년대를 살아가고 있는 내가 약 250년 전의 세상을 살다간 인물의 삶을 제대로 파악하고 글을 써 내려갔는지 두렵기만 하다. 아울러 유희의 글을 여러 해 동안 살펴보았음에도 불구하고, 여전히 번역에 석연치 않은 부분이 많아 몹시 부끄럽다. 다만 혼자서만 보기에는 아까운 글들을 세상에 소개하고 싶은 소박한 바람에서 이 책을 출간하게 되었다. 이 책을 통해 더 많은 사람들이 유희가 남긴 글의 편린(片鱗)이나마 접할 수 있기를 바란다.

끝으로 이 책의 출간을 기획하고 진행해 주신 경기문화재단 수석연구원 김성태 선생님과 책 출간을 지원해 주신 진주류씨목천공파종친회에 진심으로 감사드린다.

2022년 9월

오보라

유희의 삶과 학문

서파(西陂) 유희(柳僖, 1773-1837)는 박학(博學)을 추구한 18세기 말~19세기 초의 지식인으로, 『문통(文通)』이라는 거질의 저작을 남겼다. 『문통』에는 유희의 시문을 비롯하여, 경학·천문학·역사학·어학·천문학·수리학·음률학에 이르기까지 다양한 분야를 아우르는 유희의 학문 성과가 집대성되어 있다. 유희는 일찍이 『물명고(物名考)』의 저자로서 널리 알려졌는데, 『물명고』에 수록된 한글 대응어는 현재 우리말 어휘 연구의 귀중한 자산이 되고 있다. 유희는 이와 같이 정음학(正音學) 방면에서 뛰어난 업적을 이룩했을 뿐만 아니라, 다방면에 걸쳐 학문적 열정을 보였다. 유희의 학문적 성과가 비록 당대에 큰 영향력을 발휘하지는 못했으나, 유희의 저술은 현대 학자들이 조선 후기 지성사를 새로운 시각에서 조망하게 해준다.

유희의 사상·학문은 한편으로는 서울의 고급문화에 맞닿아 있고, 다른 한편으로는 향촌의 기층문화에 맞닿아 있다. 유희는 당쟁으로 인해 중앙 정계에서 밀려나 근기(近畿)지역에 거주하면서, 향촌의 문화와 서울의 문화를 동시에 흡수하였다. '박통(博通)'을 추구한 유희의 학문 태도는 서로 다른 학술·문화를 자신의 방식대로 체화하여 『문통』이라는 거질의 총서를 남기는 동력이 되었다. 유희는 18세기 후반~19세기 전반에 권력의 집중화에 따라 사대부 계층이 분화되는 과정을 잘 보여주는 지식인이다.

유희의 사상·학문과 시문의 특징을 파악하기 위해서는 우선 유희의 삶과 교유 관계를 이해할 필요가 있다. 유희는 1773년(영조49) 윤3월 27일에 용인현(龍仁縣) 모현촌(慕賢村) 마산리(馬山里)에서 태어나, 1837년(헌종3) 2월 1일에 용인에서 65세의 나이로 생을 마감했다. 초명(初名)은 경(儆)이었는데, 54세에 '희(僖)'로 개명하였다. 자(字)는 계중(戒仲)이며, 호는 방편자(方便子)·관청농부(觀靑農夫)·비옹(否翁)·남악(南嶽)·서파(西陂) 등이 있다.

유희는 유한규(柳漢奎, 1718~1783)와 사주당이씨(師朱堂李氏, 1739~1821) 사이에서 태어났다. 사주당이씨는 유한규의 네 번째 부인으로, 『태교신기(胎敎新記)』의 저자로 유명한 여성 학자이다. 유희의 집안은 유희의 종증조인 유성운(柳成運, 1651~1710)·유진운(柳振運, 1654~1698) 이후로 소론 계열에 속하게 되었다. 경화사족으로서 기반을 다지던 유희의 집안은 일명 나주괘서사건(羅州掛書事件)이라 불리는 1755년의 을해옥사(乙亥獄事)를 겪으면서 몰락의 길을 걷게 된다. 유희의 종조부 유수(柳綏)가 나주괘서사건의 주모자로 지목된 윤지(尹志, 1688~1755)와 여러 차례 서찰을 주고받았다는 죄목을 받고 귀양 가던 도중 사망했으며, 유희의 작은아버지인 유한기(柳漢箕)도 사건에 연루되어 문초를 받다가 세상을 떠났다. 을해옥사의 참화(慘禍)를 겪으면서 유희의 아버지 유한규는 세상에 대한 뜻을 접고, 가족들을 데리고 세거지(世居地)인 용인으로 거처를 옮겼다. 유희는 바로 용인에서 유한규가 56세 되던 해에 태어났다.

유한규가 노년으로 접어들 무렵 유희가 태어났기에, 유희는 아버지와 많은 시간을 보내지 못했다. 유희가 11세 되던 해에 유한규는 세상을 떠나고 말았다. 하지만 훗날 유희가 천문(天文)·수학(數學)·율려(律呂)를 연구하게 된 것은 어린 시절 아버지의 가르침 덕분이었다. 유한규가 세상을 떠난 뒤 사주당이씨는 전처의 아들인 유흔(柳俒)에게 누를 끼치고 싶지 않다고 하면서, 유희와 세 딸을 데리고 분가하였다. 이후 유희는 주로 어머니의 가르침을 받으며 성장했다. 유희에게 있어 어머니는 스승과도 같은 존재였다. 유희 뿐만 아니라 유희의 세 누이도 어머니의 가르침을 받아 학문적 소양을 지닌 여성으로 자라났다.

유희는 젊은 시절 큰 포부를 지니고 학문에 매진하여 과거 합격에도 뜻을 두었다. 하지만 1796년에 윤증(尹拯)을 변호하다가 구설에 휘말리게 되면서, 점차 벼슬에 나갈 생각을 접게 되었다. 유희가 벼슬에 대한 뜻을 접게 된 보다 결정적 계기는 바로 어머니의 가르침이었다. 사주당이씨는 유희의 성품이 근졸(謹拙)하지 못함을 근심했을 뿐만 아니라, 조정에 끌어주는 사람이 없으면 과거에 합격하기 어려운 당시 세태를 우려했다. 유희의 집안은 을해옥사 이후 몰락했으므로, 조정에는 유희를 이끌어줄 만한 사람이 없었다. 사주당이씨는 유희의 성품과 더불어 이러한 정치적 상황도 고려하여, 유희에게 과거 공부를 접도록 권유했다. 결국 유희는 어머니의 가르침에 따라, 자연 속에서 천진(天眞)을 지키며 살아 가기로 결심했다. 이후 유희는 과거 공부를 접고, 농사와 의술로 생계를 꾸리며 학문에 매진했다. 유희는 53세가 되어서야 누이의 청으로 마지못해 사마시(司馬試)에 응시하여 합격하기는 했으나, 권력이 없으면 정계에 진출할 수 없는 당대 현실을 개탄하며 울울한 심정을 달래야 했다.

유희가 향촌을 기반으로 빈한하게 생활했음에도 불구하고 폭넓은 분야의 서술을 남길 수 있었던 데에는 소론계 문인들과의 교유가 큰 영향을 미쳤다. 전주이씨(全州李氏) 덕천군파(德泉君派) 가문은 유희의 선조 때부터 교유가 있었으며, 유희는 특히 이면눌(李勉訥)과 친밀하게 지냈다. 가학(假學)을 비판하고 불교나 노장(老莊)마저도 폭넓게 수용했던 전주이씨 덕천군파 인물들의 학문 태도는, 유희가 다양한 학문을 수용하는 데 영향을 미쳤다.

유희는 서유본(徐有本) 집안과도 친밀하게 교유했다. 서유본의 처인 빙허각이씨(憑虛閣李氏, 1759~1824)는 유희의 고종사촌이었으므로, 유희와 서유본은 인척 관계에 있었다. 서유본 집안은 『고사신서(攷事新書)』·『보만재총서(保晩齋叢書)』·『임원경제지(林園經濟志)』 등의 총서를 남긴, 박학(博學)으로 유명한 가문이었다. 서유본과 유희가 도수지학(度數之學)을 토론했던 사실에서 알 수 있듯이, 서유본 집안의 박학은 유희의 박학에도 영향을 미쳤다.

유희와 친밀하게 지낸 인척 가운데에는 이조묵(李祖默, 1792~1840)도 빼놓을 수 없다. 이조묵은 유희의 고모의 손자로, 당대 이름난 장서가였다. 유희는 이조묵을 통해 청대 문물을 접할 수 있었다.

그 밖에 신작(申綽, 1760~1828) 등의 학자를 배출한 평산 신씨(平山申氏) 집안, 정동유(鄭東愈, 1744~1808) 집안, 홍석모(洪錫謨, 1781~1857) 집안 역시 상당한 장서를 보유하여, 유희가 폭넓은 분야의 학문을 연구하는 데 도움을 주었다. 이러한 소론계 문인들의 개방적 학문 태도와 방대한 장서는 유희의 학문이 확산해 가는 데 큰 영향을 끼쳤다.

한편, 유희가 교유한 소론계 문인 중 윤광안(尹光顔, 1757~1815)과 강필효(姜必孝, 1764~1848) 등은 유희의 학문이 본령공부(本領工夫), 즉 주자학에서 멀어지는 것을 우려하기도 했다. 윤광안과 강필효는 유희가 경학과 예학 방면에서 주로 토론한 인물들이다. 유희와 윤광안·강필효는 '파로(坡魯)', 즉 성혼(成渾, 1535~1598)과 윤선거(尹宣擧, 1610~1669)를 자신들의 학문 연원으로 삼고, 윤증(尹拯, 1629~1714)의 학맥을 잇고자 했다. 다만 윤광안과 강필효가 경학 연구에 매진한 반면, 유희는 박학에 방점을 두고 주자학과 더불어 다양한 학문을 아우르고자 했다.

이처럼 유희는 소론계 문인들과 학문적으로 활발히 교류하며 자신의 학문 분야를 넓혀 갔다. 유희는 성리(性理) 논변에만 골몰하는 것은 진정한 유자(儒者)의 도리가 아니라고 보았으며, 다양한 학문을 익힌 '통유(通儒)'가 되는 것이야말로 진정한 유자의 길이라 여겼다. 『문통』이라는 저술명은 이러한 유희의 사유를 집약적으로 보여준다. 박학을 추구했던 유희는 당대 사대부들이 천시하던 잡술(雜術)의 가치도 적극적으로 인정했다. 다만 유희가 모든 잡술의 가치를 인정한 것은 아니다. 유희는 잡술에 속하는 여러 기예를 '실(實)'과 '허(虛)'로 나누고, '실(實)'에 해당하는 기예만을 가치 있는 것으로 평가했다. 또 '실'을 중시하는 관점에서, '사(士)'로서 벼슬을 통해 생계를 꾸리지 못할 바에야 차라리 잡술을 익혀 스스로 생계를 꾸리는 것이 낫다고 보았다. 실제로 유희는 20대 중반에 벼슬에 나갈 뜻을 접은 뒤, '관청농부(觀靑農夫)'라는 자호를 짓고 '사'가 아닌 '농'으로서 살아가기로 결심했다. '사농공상(士農工商)'의 귀천을 따지기 보다는, 자신이 처한 상황에서 실질적으로 보탬이 되는 길을 택한 것이다.

유희는 시문에 있어서도 전범(典範)을 다양하게 설정

했다. 따라서 유희의 시문은 한편으로는 고풍(古風)을 추구하는 것처럼 보이지만, 다른 한편으로는 시조 · 희곡 등 고풍과는 거리가 먼 작품들도 다수 남아 있다. 또한 유희는 서양 천문학을 수용하여 실증주의적 천문역법론을 확립하고, 이를 기반으로 문학에서의 복고주의(復古主義)를 비판하기도 했다. 천문역법에서 서양의 새로운 학문 성과를 받아들여 이전의 학설을 수정하듯, 문장 역시 굳이 옛 것을 고집할 필요가 없다는 것이 유희의 생각이었다. 유희는 복고인지 아닌지를 따지지 말고, 가치가 있는 문장·학문이라면 모두 개방적인 자세로 수용해야 한다고 여겼다.

특정한 틀에 얽매이고자 하지 않았던 유희의 시문은 실로 다채롭다. 유희는 물명(物名)을 한문으로 음차(音借)한 희작시(戲作詩)를 짓기도 하고, 우리말 '단가(短歌)'의 가창 구조를 한문으로 재현한 새로운 형식의 한시 「시조(時調)」 10수를 창작하기도 했다. 또 유희는 선념불(禪念佛)을 유가적으로 개작한 시를 짓는 등 불교에 관심을 보이면서도, 당대 기복불교가 기층문화에 침투하여 백성을 위협하는 상황을 한문 단편을 통해 드러내기도 했다. 유희는 도둑·상인·장인 등 하층민을 소재로 한 글을 통해 당대 기득권의 허위의식을 폭로하기도 했으며, 장르의 일반적인 규범을 따르지 않고 자신의 속내를 직설적으로 드러내는 파격적인 글을 남기기도 했다. 유희의 시문은 잡박하고 투박하되, 진솔한 매력이 있다.

유희는 몰락한 소론계 경화사족 가문에서 태어나 평생을 불우하게 보냈다. 젊은 시절에 과거 공부에 뜻을 두기도 했으나, 당파 간의 알력 다툼으로 인해 구설에 휘말리면서 결국 벼슬에 대한 뜻을 접은 뒤 저술 활동에만 매진했다. 유희는 자신의 재주를 펼치지 못한 울분을 때로는 사회 비판을 통해, 때로는 현란한 시문을 통해, 때로는 잡박한 분야의 저술을 통해 해소했다. 유희의 사상·학문과 시문은 '사(士)'로서 중앙 무대에 진출하고자 하는 욕구와 그럴 수 없는 현실 사이의 끊임없는 갈등 속에서 형성되었다.

유희는 60세 무렵, 자손들에게 남기는 가훈서(家訓書)인 『이손편(貽孫篇)』을 지었는데, 『이손편』 말미에서 자신의 삶을 이렇게 읊었다.

전생에 분명 책벌레였을 테니	前身定是食書魚
말 배우기 시작할 때부터 재잘거렸지	佔畢曾於學語初
육십 평생 정신과 힘 허비하여	六十年來心力費
거친 재주로 온갖 책 다 섭렵하려 하였네	擬將疏盡百家書

유희는 자신이 전생에 책을 갉아먹는 벌레였을 것이라 여길 정도로, 평생 읽고 쓰는 일에 매진했다. 위 시는 독서와 저술에 대한 유희의 '벽(癖)'을 잘 보여준다. 유희는 세상에서 한 발자국 떨어져서 글 쓰는 것을 업으로 삼았다. 유희 스스로 "나무꾼의 골상이라 세상과 인연이 없으니, 단지 산속 집에서 글 쓰는 데 종사했노라. [樵蘇骨相世緣無, 祗合山窓事墨廚.]"라고 말했을 정도이다.

실로 유희가 남긴 글은 그 주제와 내용, 형식, 인용된 전거가 매우 광범위하다. 이에 유희의 글은 읽어 내려가기가 만만치 않다. 하지만 동시에 유희의 눈을 통해 당대의 드넓은 지식 세계를 볼 수 있다는 점에서, 유희의 글을 읽는 것은 흥미롭기도 하다. 아울러 사물과 세상을 바라보는 유희의 독특한 시선은, 우리가 지금 살고 있는 세상을 다른 각도에서 바라보게 해준다. 이 책에 수록된 몇 편의 글이 유희에게 한 걸음 다가설 수 있는 계기가 되기를 바란다.

제1부

나의 삶

왼쪽에 써 붙인 경계의 말

左顧箴

왼쪽을 돌아보고 지난날의 잘못을 고치고 오른쪽을 돌아보고 바른길로 나아가려 하니, 이 다짐을 동쪽 벽과 서쪽 벽에 붙인다.

총명함이 마음을 해친다면 어리석은 것보다 못하고,
기예가 행실을 해친다면 재주가 둔한 것보다 못하고,
말재주가 일을 해친다면 말이 어눌한 것보다 못하고,
명성이 자신을 해친다면 이름이 묻힌 것보다 못하다.
권모술수를 쓰는 자는 반드시 뜻밖의 화를 만나고, 이기길 좋아하는 자는 반드시 강한 적을 만나는 법.
게으름의 길을 걷는 자는 한 해를 마치도록 즐거운 곳을 보지 못하고, 탐욕의 물에 빠진 자는 종신토록 편안한 집을 얻지 못한다오.
그대는 불교와 도교가 가장 이단(異端)이라 말하지 마오.

불교와 도교의 공부가 오히려 그대의 패악함보단 나으니.
그대는 금수가 가장 천한 사물이라 말하지 마오. 금수의 천진(天眞)함이 오히려 그대가 선한 본심을 잃어버린 것[喪梏] 보단 나으니.[1]
어려서는 스스로 선을 긋고 나아가지 않았고, 커서는 스스로 은거하길 추구했네.
선비 옷차림을 한 자 중에 도적이 있어, 자신의 본성을 잃어버리고 단지 겉모습만 보존하고 있네.
온갖 사악함이 마음을 공격하여 밤낮으로 바쁘니, 잠시 요행으로 화를 면했건만 죄지은 줄 모르는구나.
식자(識者)들에게 버려질 뿐 아니라 또한 장차 상제(上帝)의 엄한 처벌 받게 되리라.

'잠(箴)'이란 자기 자신 또는 타인을 경계하는 내용을 담은 한문 문체의 하나이다. 유희는 26세가 되던 1798

1) 『맹자(孟子)』「고자 상(告子上)」에 "낮에 하는 불선한 행동이 선한 본심을 없애니, 없애기를 반복하면 밤에 자란 선한 기운인 야기(夜氣)도 보존될 수 없고, 야기가 보존될 수 없으면 금수와 다른 것이 많지 않게 된다. 사람들은 금수와 같은 모습만을 보고서 일찍이 훌륭한 재질이 있지 않았다고 생각하니, 이것이 어찌 사람의 본래 모습이겠는가? [其旦晝之所爲, 有梏亡之矣, 梏之反覆, 則其夜氣不足以存, 夜氣不足以存, 則其違禽獸, 不遠矣. 人見其禽獸也, 而以爲未嘗有才焉者, 是豈人之情也哉?]"라고 하였다.

년에 자신을 돌아보며 두 편의 '잠'을 지었다. 이 글은 그 중 한 편이다. 이 글의 표면적 목적은 자신의 잘못을 돌아보는 것이지만, 글에 담긴 내용은 유희 자신에 대한 경계에 그치지 않는다. 유희는 이 글에서 옳지 못한 방법으로 명리를 추구하며 살아가는 당대 사람들도 아울러 경계하였다.

이 무렵 유희는 과거 공부에 대한 뜻을 접고, 스스로 '관청농부(觀靑農夫)'라 자호한 뒤, 자연 속에서 복거(卜居)하기로 결심했다. 이 글을 쓰기 두 해 전에 유희는 윤증(尹拯) 관련 시비에 휘말려 곤욕을 치르기도 했다. 아마도 이 무렵 유희는 겉으로는 유자(儒者)라고 행세하면서 실제로는 명리(名利)를 쫓기에 급급한 세상 사람들을 비판하고자 했던 것 같다. '선비 옷차림을 한 자 중에 있는 도적'이 바로 그러한 사람들이다.

유희가 이 글에서 말한 내용은 유희가 살았던 당대 뿐만 아니라 지금 세상에도 울림을 준다. '유자인가 불자인가.' '금수인가 사람인가.' 하는 표면적 구분보다 더 중요한 것은 그 사람이 어떤 본심을 갖고 있느냐 하는 문제이다. 유자가 권모술수로 명예를 탐하는 데 치중한다면 결코 불자보다 낫다고 할 수 없으며, 사람이 사악한 마음을 품는다면 결코 금수보다 낫다고 할 수 없다.

이 글은 우리가 내면을 들여다보고 선한 본심을 지키는 것이 얼마나 중요한지 일깨워준다.

오른쪽에 써 붙인 경계의 말

右瞻箴

뜻만 큰 자[狂者]는 방탕해지기 쉽고 긍지가 있는 자[矜者]는 사나워지기 쉬우니, 방탕하고 사나운 것은 뜻만 큰 자와 긍지 있는 자의 폐단이다.[2)]
곧지 못한 것은 아니지만 곧되 온화하지 못하고, 강경하지 못한 것은 아니지만 강경하되 오만함이 없지 않네.
생각하는 도리는 간사함이 없는 것을 귀하게 여기고, 부지

2) 『논어(論語)』 「양화(陽貨)」에 공자의 다음과 같은 말이 수록되어 있다. "옛날에는 백성들에게 세 가지 병폐가 있었는데, 지금에는 이것마저도 없구나! 옛날의 광자는 작은 예절에 구애받지 않았는데 지금의 광자는 방탕하기만 하고, 옛날의 긍지가 있는 자는 모가 나서 엄격하였는데 지금의 긍지가 있다는 자는 사나우며, 옛날의 어리석은 자는 정직했는데 지금의 어리석은 자는 속이기만 할 뿐이다.[古者民有三疾, 今也或是之亡也. 古之狂也肆, 今之狂也蕩; 古之矜也廉, 今之矜也忿戾; 古之愚也直, 今之愚也詐而已矣.]"라고 하였다.

런히 힘쓰는 도리는 조급해하지 않는 것을 귀하게 여긴다.[3)]
하나만 알고 둘은 모른 것을 한쪽으로 치우치는 병통이라 하네.
그렇지만 아는 것이 어려운 게 아니라 행하는 것이 어려우니, 『주역(周易)』에서 "거의 이르러도 우물에 끈을 드리우지 못한 것과 같다."라고 하였지.[4)]

이 글은 앞 글에 이어서 쓴 '잠(箴)'이다. 앞 글이 지난날의 잘못을 돌아보는 내용이었다면, 이 글은 앞으로의 삶에 대한 다짐을 담고 있다. 이 글에서 유희는 『논어』, 『서경』, 『주역』 등 유교 경전의 글귀를 인용하여,

---

3) 『서경(書經)』 「고요모(皐陶謨)」에서 고요가 사람의 구덕(九德)을 다음과 같이 말했다. "너그러우면서도 장엄하며, 유순하면서도 꼿꼿하며, 삼가면서도 공손하며, 다스리면서도 공경하며, 익숙하면서도 굳세며, 곧으면서도 온화하며, 간이(簡易)하면서도 염우(廉隅)를 지키며, 굳세면서도 독실하며, 강하면서도 의(義)를 좋아하는 것이다.[寬而栗, 柔而立, 愿而恭, 亂而敬, 擾而毅, 直而溫, 簡而廉, 剛而塞, 彊而義.]" 유희는 이 중 일부 구절을 본떠 변용했다.

4) 평생토록 힘썼으나 공(功)을 이루지 못하여 허사가 되었다는 뜻이다. 『주역』 「정괘(井卦)」 괘사(卦辭)에, "거의 이르렀어도 우물에 끈을 드리우지 못한 것과 같으니, 병을 깨뜨리면 흉하다.[汔至亦未繘井, 羸其瓶, 凶.]" 하였는데, 정이(程頤)의 『역전(易傳)』에 "우물을 아홉 길을 파더라도 샘에 이르지 못하면 오히려 버려진 우물이 된다."라고 하였다.

유자로서 올바른 길을 가고자 하는 다짐을 드러냈다.

한쪽으로 치우치지 않는 것은 누구나 어려워하는 일이다. 뜻이 크면서도 방탕하지 않은 것, 긍지를 가지면서도 사납게 굴지 않는 것, 강직하면서도 온화한 것, 강경하면서도 오만하게 굴지 않는 것 등, 상반되는 성질을 나의 내면에서 잘 조율하는 일은 쉽지 않다. 그렇지만 우리는 어느 한쪽에 치우치지 않으려고 계속 노력할 필요가 있다.

이 글에서 더 주목해야 할 것은 바로 '아는 것'이 어려운 게 아니라 '행하는 것'이 어렵다는 점이다. 유교 경전에 나오는 좋은 글귀는 누구나 책을 읽고 알 수 있다. 하지만 그 글귀를 몸에 익혀 실제로 행하는 것은 그야말로 어려운 일이다. 유희는 자신의 다짐이 공언(空言)에 그치지 않고 실천으로 이어지기를 기약하고 있다.

홀로 지내는 집

獨窩記

가까이 있으면 친근히 지내고 멀리 있으면 서로 찾으니, 만물은 모두 함께 하는 무리가 있다. 그런데 이 사람은 홀연히 그렇지 않아서 혈혈단신으로 주저주저하고 있다. 왼쪽으로 가도 오른쪽이 없고 오른쪽으로 가도 왼쪽이 없으며, 앞으로 가도 뒤가 없고 뒤로 가도 앞이 없다. 과거에 나를 이끌어준 사람이 없었고 미래에 나를 이을 사람도 없으며, 태어나서는 친족이 없었고 자라나서는 벗이 없다. 음양과 동정이 아직 나누어지기 전인 것처럼 덩그러니 있고, 허황되고 기괴한 것이 이미 통과한 뒤인 것처럼 갑작스럽다. 이 때문에 마음은 삼가게 되었고, 이 때문에 내 자신이 확고히 섰고, 이 때문에 천하의 일은 끊어졌다. 말하는데 행하지 못하는 것과 행하는데 말하지 못하는 것은 모두 우리 도의 올바름이 아니다.

어떤 이가 나의 그림자를 괴이하게 여기고 나의 음성에 놀라 마침내 전체적으로 다 흠이라고 여긴다면, 잘못된 것이다. 두오랑(杜五郎)이 홀로 들어앉은 것[5], 굴자평(屈子平)이 홀로 거닌 것[6], 도천명(陶泉明)이 홀로 술을 마신 것[7], 진이상(陳履常)이 홀로 시를 읊은 것[8], 사마군실(司馬君實)이 홀로 즐거워한 것[9]은 각각 하나의 체를 얻었는

---

5) 두오랑(杜五郎)은 송(宋)나라 때의 은사 두생(杜生)으로, 이름을 알 수 없어 당시에 두오랑으로 일컬어졌다. 초막집에 살면서 30년 동안이나 두문불출하였다. 『宋史 卷458 列傳 杜生』

6) 굴자평(屈子平)은 전국시대 초나라의 충신인 굴원(屈原)으로, 이름은 평(平), 자는 원(原), 호는 영균(靈均)이다. 굴원은 초 회왕(楚懷王)의 신임을 받았으나 소인의 참소를 입고 조정에서 쫓겨났다. 이후 못가를 거닐며 시를 읊조리다가, 결국 울분을 참지 못하고 멱라수(汨羅水)에 투신하여 자결하였다. 대표적인 작품으로 「이소(離騷)」, 「구가(九歌)」, 「어부사(漁父辭)」 등이 있다.

7) 도천명(陶泉明)은 진(晉)나라의 은사 도연명(陶淵明, 365~427)으로, 호는 오류선생(五柳先生)이다. 당 고조(唐高祖) 이연(李淵)의 이름자를 피하여 '연(淵)'자 대신에 '천(泉)' 자를 쓴 것이다. 405년에 팽택현(彭澤縣)의 현령이 되었으나, 80여 일 뒤에 관직에서 물러나 「귀거래사(歸去來辭)」를 짓고 귀향하였다. 은거하며 술과 자연을 노래한 시를 많이 지었는데, 대표적 작품으로 「음주(飮酒)」 20수가 있다.

8) 진이상(陳履常)은 송나라의 시인 진사도(陳師道, 1053~1101)로, 자는 이상(履常)·무기(無己), 호는 후산거사(後山居士)이다. 성품이 고아하여 젊어서부터 과거에 뜻을 두지 않고 가난하게 지내며 안빈낙도하였다. 송나라 강서시파(江西詩派)의 대표적 시인으로, 저서에 『후산집(後山集)』 등이 있다.

9) 사마군실(司馬君實)은 중국 송나라의 학자이자 명재상인 사마광(司馬

데, 나는 그것을 모두 겸하고 있으니 마침내 '독(獨)'으로써 동쪽 언덕 초가집의 이름을 지었다. 이름이란 실상의 객이다. 지금 이름이 실상과 딱 맞으니, 무슨 객이 있겠는가?

이 글은 1799년에 지어졌다. 유희는 이 무렵 자신의 초가집 이름을 '독와(獨窩)'라 짓고, 이러한 이름을 짓게 된 경위를 밝혔다. 이때 유희는 심한 고독감을 느끼고 있었다. 만물은 반드시 무리를 이루기 마련이건만, 유희는 어느 무리와도 섞이지 못했다. 유희가 당대 사대부 사회에서 느낀 소외감과 외로움은 유희가 평생 지은 시문 전반에 자주 드러난다.

하지만 과연 홀로 지내는 것이 나쁘기만 한 것일까? 유희는 과거 인물들의 고사를 들어 '독(獨)'의 미학을 이야기하고 있다. 두생, 굴원, 도연명, 진사도, 사마광 등 세속과 단절되어 홀로 지낸 이들은 예로부터 많이 있었다. 그런데 이들의 삶은 결코 어두운 면만 지닌 것은 아

光, 1019~1086)으로, 자는 군실(君實), 호는 우부(迂夫) · 우수(迂叟)이다. 사마광이 낙양(洛陽)에 살 때 국자감(國子監) 곁에 '독락원'이라는 정원을 마련하고, 「독락원기(獨樂園記)」를 지어서 스스로 한가로이 물러나 지내는 즐거움을 말했다.

니었다. 굴원은 어지러운 세상을 버리고 지조를 지켰기에 「이소(離騷)」와 같은 명편을 남길 수 있었으며, 도연명은 홀로 지내며 술과 자연을 즐기는 은자의 심경을 아름다운 시구로 풀어냈다. 사마광은 자신이 지내는 정원에 '독락(獨樂)'이라는 이름을 붙인 뒤 마음껏 독서하고 소요하며, "하늘과 땅 사이에 다시 어떤 즐거움이 있어서 이것과 바꿀 수 있을까?"라고 말했다.[10] 홀로 지내는 즐거움이야말로 그 무엇과도 견줄 수 없다는 것이다.

유희는 이러한 사람들이 누린 '독'의 경지를 자신이 모두 겸하고 있다고 말했다. 유희는 고독함을 괴로워하는 데 머물지 않고, 세상과 단절된 채 홀로 지내는 것의 의미와 즐거움을 찾고자 했다. 유희의 '독와'는 결코 쓸쓸하고 괴롭기만 한 공간은 아니었던 듯하다. 유희의 '독와'는 마음껏 노닐고 사유하며 진정한 몸과 마음의 자유를 누릴 수 있는 공간이 아니었을까.

---

10) 사마광(司馬光)의 「독락원기(獨樂園記)」에 "알지 못하겠으니, 천지 사이에 다시 어떤 즐거움이 있어 이것과 바꿀 수 있을까?[不知天壤之間, 復有何樂, 可以代此也?]"라고 하였다.

손에 병이 나다

手病

나는 손이 두 개 있는데 오른손에만 일을 맡겼으니, 평소에 이 손으로 다른 이의 병을 치료하고 다른 이의 편지에 답하고 다른 이의 일을 해 준 것이 몇 천 몇 백 번인지 스스로 헤아릴 수 없다. 올해 여름에 오른손에 병이 나서 두 달 동안 쓰지 못하여 덩그러니 아픈 채로 앉아 있으니, 거의 말하고 먹을 수 있는 시체나 마찬가지였다. 평소에 베푼 일이 그 보답을 바랐기 때문에 한 것은 아니지만, 그러나 남들이 만약 보답하고자 한다면 마땅히 이러한 때에 보답해야 할 것이다. 그런데 오히려 치료해주는 사람도 없고 편지로 안부를 묻는 사람도 없고 대신 일을 해주는 사람도 없다. 하물며 혹 이 병이 나의 일을 빼앗아가길 바란 자도 있음에랴! 이 병에 걸리라고 몰래 저주하며 끝내 낫지 않기를 바라는 자도 있지 않을지 또 어찌 알겠는가? 그런 뒤에야 베풀어도 보답하지 않는 것이 사람 만한 게 없다는 것을 비로소 깨달았다.

어릴 때 본 한 패설(稗說)에 이런 내용이 있었다. 산의 이리가 사냥꾼에게 쫓겨 나그네에게 숨겨달라고 빌었다. 그런데 사냥꾼이 이미 지나가자 이리가 나그네를 잡아먹으려 하였으니, 나그네와 이리는 세 늙은이에게 판결을 받기로 약속했다. 먼저 늙은 살구나무에게 물어보자, 늙은 살구나무가 "우리 주인은 내 열매로 부유해졌는데, 내가 늙어서 열매가 안 맺히자 지금 나를 베려고 합니다. 사람은 진실로 은정(恩情)이 적으니 잡아먹어도 됩니다."라고 하였다. 다시 늙은 소에게 물어보자, 소가 "내 주인은 나를 가지고 밭을 갈아 부유해졌는데, 내가 늙어 밭을 갈지 못하자 지금 나를 도살하려고 합니다. 사람은 진실로 은정이 적으니 잡아먹어도 됩니다."라고 하였다. 마지막으로 노인에게 물어보아, 나그네는 다행히도 잡아먹히는 꼴을 면하였다.

무릇 이리와 소는 지각(知覺)이 없고 살구나무는 정식(情識)이 없으니 어찌 이것들과 말하여 송사하고 판결할 수 있겠는가? 다만 어떤 이가 세상에 은정이 적은 것에 분개하여 그 뜻을 우언으로 말한 것이니 슬퍼할 만하다. 지금 내가 병이 난 뒤 생각해 보니, 우언을 만든 자는 너무 속이 좁구나! 나는 남의 병을 치료해 주고도 치료받지 못하고, 남의 편지에 답장하고도 편지를 받지 못하고, 남의 일을 해주고도 남이 대신 일하게 하지 못하며, 심지어 내가 병든 것을 다행으로 여기는 자도 있고 저주하는 자도 혹 없지는 않으니, 사람이 은정이 적은 것에 대해 그가 분개한 것은 응당 나보다 못할 것이다. 그런데도 나는 오히려 이해하기를, 나를 치료해주지 않는 것은 근처에 의원이 없어서이고, 편지로 안부를 묻지 않는 것은 먼 지역에 알려지지 않아서이고, 대신 일 해주지 않는 것은 내 본성이 본래 남에게 일을 맡기는 것을 달가워하지 않아서라고 여겼다.

내가 병든 것을 다행으로 여기는 것은 그 사람에게 이익이 있기 때문이요, 내가 병이 나도록 저주한 것은 내가 인(仁)을 잃었기 때문이다. 한번 살펴보건대 부귀하고 사무가 많은 사람이 병들면, 치료해 주고 편지로 안부를 묻고 일을 맡아주는 사람이 매우 많다. 이는 모두 당장에 서로 관계되기 때문이요, 그렇지 않으면 또한 훗날 그 부귀하고 사무 많은 사람으로 인해 요행을 바랄 수 있기 때문이다. 또 그가 병이 나길 바라고 저주하는 자도 많다. 이는 모두 눈앞에 다툴 것이 있기 때문이요, 그렇지 않으면 또한 훗날 그 부귀하고 사무 많은 사람으로 인해 도모할 일이 있기 때문이다. 그가 병이 나길 바라고 저주한 사람의 마음이, 어찌 애초에 그를 치료해주고 편지로 안부를 묻고 일을 맡아주는 사람보다 어질지 않은 적이 있겠는가?

또 살펴보건대 빈천하고 사무가 적은 사람이 병들면, 치료해주고 편지로 안부를 묻고 일을 맡아주는 자가 매우 적다. 이는 모두 당장에 관계가 없기 때문이요, 또한 훗날 그 빈천하고 사무 적은 사람으로 인해 요행을 바랄 게 없기 때문이다. 또 병나길 바라고 저주하는 자도 적다. 이는 모두 눈앞에 다툴 것이 없기 때문이요, 또한 훗날 그 빈천하고 사무가 적은 사람으로 인해 도모할 일도 없기 때문이다. 병이 나길 바라지 않고 저주하지 않는 사람의 마음이, 어찌 애초에 그를 위해 치료해주지 않고 편지로 안부를 묻지 않고 일을 맡아주지 않는 사람보다 야박하지 않은 적이 있겠는가?

나는 빈천하되 사무가 많은 사람이니, 치료해주고 편지로 안부를 묻고 일을 맡아주는 사람은 적고 병나길 바라고 저주하는 사람은 많은 게 당연하다. 어찌 사람들의 어질지 않음을 비난하고 사람들의 야박함을 원망할 필요가 있겠는가. 이 때문에 손의 병이 조금 낫자, 다시 다른 이의 병을 치료하고, 다시 다른 이의 편지에 답하고, 다시 다른 이의 일을 해 주었다. 나에게 있어 산속 이리 이야기에 해당하는 것이 한두 개가 아니지만, 전부 다 은정이 적다고 꾸짖어서는 안 된다. 나는 나의 도를 다할 뿐이요, 사람들이 하는지 하지 않는지는 관여할 것이 없다.

유희는 20대 후반 무렵 과거에 나아갈 뜻을 접은 뒤, 농사·의술과 더불어 대필(代筆)로 생계를 꾸렸다. 이러한 생활은 단양(丹陽)으로 거처를 옮긴 뒤에도 계속되었다. 유희는 단양에서 살고 있던 1814년, 어느 날 손에 병이 들어 아무 일도 하지 못하게 되었다. 유희가 평소 손으로 남을 치료해주고 글을 써주고 남들의 일을 도왔음에도 불구하고, 정작 자신이 다쳤을 때는 아무런 도움도 받지 못했다.

유희는 이러한 상황에서 어린 시절 읽은 패설 하나를 떠올린다. 사냥꾼에게 쫓긴 이리를 구해준 나그네가 도리어 이리에게 잡아먹힐 위기에 처한 이야기이다. 이야기 속 나그네는 결국 노인에게 판결을 받아 목숨을 건지게 되었다. 그런데 나그네가 그 이전에 만난 늙은 살구나무와 늙은 소는, 인간은 원래 은정(恩情)이 없으므로 죽여도 상관없다고 하였다. 인간의 어질지 못한 면을 꼬집은 우화이다. 유희는 이 패설 속 나그네의 억울함이 결코 자신보다 심하지는 않을 것이라고 여겼다.

유희는 이 글에서 자신이 병든 상황을 고찰함으로써, 당대의 각박한 세태를 풍자하고 있다. 이 글은 유희가 살던 시대를 풍자했으나, 지금 우리에게도 공감을 불러일으킨다. 부귀하고 사무가 많은 사람은 위기에 처했을 때, 도움도 많이 받지만 저주도 많이 받는다. 반면 가난하고 사무가 적은 사람은 위기에 처했을 때, 도움도 적게 받고 저주도 적게 받는다. 사람들이 부귀하고 사무가 많은 자를 돕는 이유와 가난하고 사무가 적은 자를 돕지 않는 이유는 다르지 않다. 목전의 이해관계나 먼 훗날의 이득 때문에 그렇게 행동하는 것이다. 사람들이 부귀하고 사무가 많은 자를 저주하는 반면, 가난하고 사무가 적은 자를 저주하지 않는 이유도 마찬가지이다. 자신의 이익과 관련되기 때문이다. 결국 이 글은 인간이 순수한 마음으로 은정을 베풀지 않고, 자신의 이해관계에 따라 행동하는 세태를 꼬집고 있다.

유희는 이 글에서 자신을 돕지 않은 세상 사람들을 원망하기만 하지는 않았다. 유희는 사람들이 그렇게 행동하는 이유를 곱씹어 본 뒤, 남의 행동에 신경 쓰지 않고 '자신의 도'를 행하며 살기로 결심했다. 이처럼 유희는 자신의 중심을 지키겠다고 마음을 다잡았지만, 이 글 전반에서 세상에 대한 냉소와 차가운 시선은 숨기지 못했다.

꿈속에서 본 나의 삶

『聞見隨錄』中 ‘余少也多夢……’

나는 어렸을 적에 꿈을 많이 꾸었는데 꿈에서 깨고 나면 꿈이 꼭 들어맞았다. 오직 이를 괴롭게 여겨 요 몇 년 동안은 꿈속의 일을 잊으려 애쓰고 남들에게 말하지 않았더니, 이윽고 과연 꿈을 꾸지 않았다. 간혹 꿈을 꾸기는 했으나, 깨고 나면 번번이 기억할 수 없었으니, 이와 같은지 이미 10년이 지났다. 그러자 오직 이것이 안타까워 또 꿈속의 일을 이해하려고 애썼다.

임신년(1812, 순조12) 여름에 겨우 꿈 하나를 꾸었다. 꿈에서 도성에 들어가 힘겹게 걸어가고 있었는데, 어떤 사람이 초헌(軺軒)을 빌려주어 내가 그것을 탔다. 어떤 거리에 이르자, 길이 너무 좁고 구불구불하여 나는 어쩔 수 없이 초헌을 버렸다. 또 어떤 사람이, ‘동쪽 협곡 산속에 호

적에 없는 거주지가 있는데 곡식·채소와 물고기·소금을 모두 마련해 쓸 수 있다'라고 알려주기에, 마침내 기뻐하며 그를 따라갔다. 골짜기에 들어가자마자 큰바람을 만났는데, 몹쓸 병에 걸린 몇 사람이 인도해 주었으니, 이들은 모두 신선의 부류였다. 또 어느 계곡에 이르렀는데, 몹쓸 병에 걸린 사람들이 탁 트인 공터로 들어가 주문을 외고 곧바로 나오지 않았으니, 나는 끝내 골짜기 끝에 이르지 못하고 잠에서 깼다. 아, 이것은 나의 평생이로다

이어 짧은 부를 지어 스스로 맹세하였다.

큰 수레 구하자	求高車兮
좁은 길에 방해받고	妨路隘
깊숙한 골짜기 찾아가니	尋絶壑兮
같이 간 이들 게으르며	同伴懈
중도에 머뭇거리자	躊躇中途兮
밤이 벌써 지나갔구나	夜已邁
문득 꿈에서 깨니	翻然而悟兮
신이 그림처럼 알려준 것 감사하구나	感神告之如畫
이 나의 평생이여	伊余之平生兮
항상 갈팡질팡하는 경계에 있도다	常在倀倀之界
다른 생각 하지 말고	庶無以他想兮
이 꿈이 저절로 이해되길 기다려야지	待一夢之自解

유희는 1809년 4월에 거처를 용인에서 단양(丹陽)으로 옮겨, 단양에서 약 10년간 거주했다. 유희의 언급에 따르면, 단양은 곡식을 갉아먹는 해충인 명충(螟蟲)과 황충(蝗蟲)의 피해가 없기 때문에 선향(仙鄕)으로 불린다고 한다. 유희는 단양의 빼어난 경치가 좋을 뿐만 아니라, 단양에 해충의 피해가 없기 때문에 이곳에 거처하게 되었다. 그리고 이때부터 유희는 '단구처사(丹邱處士)'라는 자호를 사용했다.

유희가 단양으로 거처를 옮기자, 유희의 벗들은 다시 용인으로 돌아오길 권유했다. 하지만 유희는 세상에 대한 생각이 이미 싸늘하게 식어버렸다며 벗들의 권유를 거절했다. 그리고 단양에 우거한 지 3년 남짓 지났을 무렵, 유희는 위 글에 나오는 꿈을 꾸게 되었다.

위 예문에서 유희는 자신의 꿈을 기록하면서 이것이 곧 자신의 평생과 같다고 말했다. 꿈속에서 유희는 도성에 들어가 큰 수레를 겨우 빌려 탔으나, 얼마 지나지 않아 좁고 구불구불한 길을 만나 수레를 버릴 수밖에 없었다. 이는 유희가 초년에 구설에 휘말려 고생하다가 결국 벼슬길에 나아갈 뜻을 단념한 일과 닮았다. 또 위 예문의 꿈에서 이상향을 찾아가다가 길을 잃은 것은, 유희가 세속의 영달을 버리고 단양에 들어왔으나 여전히 큰 깨달음을 얻지 못한 것을 의미한다. 즉 단양에 우거하던 시절 유희는 자신의 인생이 목적을 잃고 헤매는 것과 같다고 느꼈다. 훗날 유희는 단양에서 용인으로 돌아온 직후 지은 「복미부(復迷賦)」에서 "길은 어지럽지 않은데 사람이 미혹되어, 10년을 떠나 있다가 내가 돌아왔네."라고 말하기도 했다.

꿈에는 무의식이 드러난다고들 한다. 유희가 정말로 위와 같은 꿈을 꾸었는지, 아니면 '꿈'이라는 문학적 장치를 통해 자신의 생각을 드러낸 것인지는 알기 어렵다. 다만 30대 후반 무렵, 유희가 인생의 큰 방황을 겪은 것만큼은 분명하다.

제2부

나의 가족

어머니의 회갑

喜懼錄序

어버이의 나이가 많으면 나의 마음이 기쁘고 넉넉하여 다행스러운 마음을 금할 수 없으니, 옛 군자는 이를 '희(喜)'라고 명명했다. 어버이의 나이가 많으면, 나의 마음이 두렵고 조심스러워 우려되는 마음을 금할 수 없으니, 옛 군자는 이를 '구(懼)'라고 명명했다. 만일 이 두 가지 경우를 만난다면, 그 일은 진실로 기록할 만하다. 가까운 사람의 생일도 중시되어 반드시 음식을 차리고 손님을 맞이하고자 하는데, 하물며 어버이가 태어나신 날에 있어서랴! 이미 음식을 차리고 손님을 맞이하였으며 또 이어서 시를 지었으니, 앞서 이른바 '기록한다'는 것이 이것이로다.

나 같은 자는 불효가 심하다. 아버지를 일찍 여의었기에, 많은 가르침을 받아 가문의 뜻과 사업을 계승하지 못하였다. 어머니 한 분을 모시면서는 뜻을 받들지[養志][11] 못하여 항상 어머니 얼굴에 근심 걱정이 드러나게 했고, 집이 가난하여 맛있는 음식을 드리지 못했다. 또 작은 관직에 뜻을 굽히고 나아가지도 못하고 농사일에 힘을 다하지도 못했으니, 마음을 깊이 살피지 못했을 뿐만 아니라 재물을 쌓지도 못했다. 이는 까마귀만도 못하니, 이른바 '기록한다'는 것이 너무나 진실되지 못한 것이 아닌가? 그렇지만 우리 어머니의 덕은 기록하지 않을 수 없다.

처녀 시절에는, 스스로 경사(經史)에 통달하여 충청도 사람들이 성녀라고 칭송했다. 며느리로서는, 시어머니를 매우 조심스럽게 모시어 묻지 않으면 말을 입 밖으로 내지 않았고 내려준 것이 아니면 음식을 감히 입에 넣지 않으셨다. 이렇게 8년 세월을 하루처럼 보내셨으니, 친척들이 효부라고 칭송했다. 아내로서는, 날마다 남편과 함께 옛사람의 글을 강론하고, 남편이 벼슬을 해도 일찍이 기뻐한 적이 없고 청렴하도록 도왔으며, 남편이 벼슬을 잃어도 일찍이 원망한 적이 없고 고향으로 돌아가도록 도왔으니, 서울의 사대부들이 어진 아내라고 칭송하였다. 어머니로서는,

---

11) 양지(養志)는 부모님을 물질적으로만 봉양하는 것이 아니라, 부모의 뜻을 받들어 마음을 기쁘게 해드리는 효행을 말한다. 공자(孔子)의 제자 증자(曾子)는 효행으로 이름이 났는데, 맹자(孟子)가 증자의 효행을 칭송하며, "증자와 같이 해야 '어버이의 뜻을 봉양한다.'고 이를 만하다. 어버이를 섬기는 것은 증자처럼 해야 옳다.[若曾子, 則可謂養志也. 事親若曾子者, 可也.]"라고 하였다. 『孟子 離婁上』

직접 훈고(訓詁)를 가르치고 자식들의 행동거지를 단속하여 감히 방종하지 못하게 했는데, 그러고도 오히려 불초자가 세상에 쓰이지 못할까 걱정하시어 나로 하여금 과거 공부도 끊게 하였으니, 경기 사람들이 엄한 어머니라 칭송하였다. 무릇 하늘의 상서가 선량한 사람에게 내리지 않는다면 그만이지만, 만일 선량한 사람에게 내린다면 우리 어머니로써 징험하지 않고서 어떻게 징험하겠는가?

기미년(1799, 정조23)은 우리 어머니께서 태어나신 해와 간지(干支)가 같은 해이다. 봄과 여름에 극심하게 가물었으며 가을에 큰비가 내리고 바람이 불어 사람들이 농사에 대해 더 이상 기대하지 않았는데, 수확할 때에 끝내 큰 풍작(豐作)이 되었다. 12월은 어머니께서 태어나신 달이다. 우리 어머니는 평소에 강령하시다가 오직 근래 들어 비통(臂痛)을 꽤 앓으셨는데, 이때가 되자 저절로 나았다. 5일은 우리 어머니가 태어나신 날이다. 겨울이 된 이래도 바람도 불지 않고 눈도 내리지 않아 날씨가 늦봄처럼 따뜻했는데, 이날이 지나자 이윽고 크게 추워졌다. 나와 같은 불효자에게도 오히려 이런 일이 있으니, 어머니의 덕이 불러온 것이 아니겠는가? 이는 진실로 기록하지 않아서는 안 되니, 마침내 종당(宗黨) 빈객의 시를 합쳐 책으로 만들고 『희구록(喜懼錄)』이라 이름을 지었다.

진주(晉州) 유경(柳儆)은 서문을 쓰다.

1799년에 사주당 이씨(師朱堂李氏)가 회갑을 맞았을 때, 유희는 사주당 이씨의 회갑을 축하하기 위해 지인들이 보내온 시문을 모아 『희구록(喜懼錄)』을 편찬했다. 사주당 이씨를 위해 시문을 보내온 이들 중에는 유희의 친인척 뿐만 아니라, 여춘영(呂春永)·조중진(趙重鎭)·오언의(吳彦誼)·윤흡(尹潝)·박기순(朴基淳) 등 유희와 교유한 인물들이 대거 포함되어 있다. 이때 유희가 지은 시와 시문을 보내온 이들의 명단은 『비옹집(否翁集)』「어머니의 생신에 축수하다[壽母生朝]」에 수록되어 있다. 유희의 어머니인 사주당 이씨는 유희 뿐만 아니라, 주변 사대부들에게도 덕행과 학식을 인정받았다.

유희는 이 글에서 어머니는 여자로서, 며느리로서, 아내로서, 어머니로서 두루두루 훌륭한 행실을 보인 분이라 칭송하고 있다. 특히 유희는 어머니가 경사(經史)에 통달하였고 자식에게 훈고(訓詁)를 가르쳤으며 남편과 함께 옛글을 강론했다는 사실을 언급하여, 어머니가 '학문'을 하는 여성이었음을 강조했다. 유희는 어머니의 행장에서 "진실로 옛날의 여사(女士)이시니, 명을 얻는 것이 당연하다."라고 말하기도 했다. 유희에게 있어서 사주당 이씨는 훌륭한 어머니이자, 뛰어난 학식을 지닌 여사였다.

이 글 중간에 언급되었듯이, 유희는 어린 나이에 아버지를 여의었다. 사주당 이씨가 홀로 4남매를 힘겹게 키운 만큼, 사주당 이씨에 대한 유희의 애정은 남달랐을 것이다. 이 글에는 자신을 키워준 어머니에 대한 애틋한 마음이 잘 드러난다.

『태교신기』에 붙인 서문

胎教新記附敍

어머니께서 시집오기 전에 경전을 익히셨는데, 우리 외할아버지께서 "옛날 이름난 선비들의 어머니를 살펴보면 학식이 없는 이가 없었으니, 나도 딸이 글 읽는 것을 허락하노라."라고 하셨다. 우리 집안에 시집오신 다음에는 옛 현인들의 기거·음식에 대한 여러 절목 및 의서에 나오는 임신부의 금기를 모으시고, 경전 중 어린아이에게 가르칠 만한 구절을 끝에 덧붙이고 언문으로 풀이하여, 하나의 책자를 만들어서 잊지 말아야 할 공부로 삼으셨으니, 우리 아버지께서 손수 책 제목을 『교자집요(教子輯要)』라고 붙이셨다. 이미 불초자 등 4남매를 기르고 나자, 마침내 고기를 잡고 난 뒤의 통발처럼 책이 필요 없어졌다.

20여 년이 지나서 다시 넷째 누이의 상자 속에서 책을 꺼내자, 어머니께서 탄식하며 이렇게 말씀하셨다.

"이 책은 스스로를 돌이켜보고자 한 것이지 애초에 태교를 위한 것이 아니었는데, 훗날 우연히 보존되어 너의 손에 이르렀으니, 결코 훼손하고 버려서는 안 되겠구나. 무릇 어린아이를 바르게 길러 성인으로 만드는 일[12]은 아이가 태어난 지 3일이 지나 이름을 짓고난 이후부터는 경전에 상세히 보이니, 내가 다시 첨언할 필요가 없다. 오직 복중의 태교 한 가지 만큼은 예전에 행해졌으나 지금 기록이 없어진 지 이미 수 천 년이 되었으니, 부녀자들이 어떻게 깨달아 행하겠는가? 인재를 기르는 것이 옛날만 못한 것은 단지 기화(氣化)의 잘못 때문이 아닐 것이다. 나는 여자들이 독서의 보탬을 얻지 못하는 것이 안타까웠고, 게다가 선인의 뜻을 저버릴까 두려웠다. 일찍이 태교를 시험해 본 것이 모두 4번이었는데, 과연 너희들의 형기(形氣)가 크게 어그러지지 않았으니, 이 책을 집안에 전하는 것이 또한 어찌 도움이 되지 않겠는가?"

이에 끝에 덧붙인 부분을 삭제하고, 다만 태아를 기르는 것에 관한 절목(節目)만을 취해 반복하여 뜻을 밝혀서 세상의 미혹함을 깨우치는 데 힘썼다. 그리하여 책 이름을 『태교신기(胎敎新記)』라고 했으니, 이로써 『예기(禮記)』「

12) 『주역』「단전(彖傳) 몽괘(蒙卦)」에 "어릴 때에 올바름을 기르는 것이 성인(聖人)이 되는 공부이다.[蒙養以正 聖功也.]"라고 한 말을 인용한 것이다.

소의(少儀)」와 「내칙(內則)」에 빠진 내용을 보완하였다. 책이 완성된 지 1년 뒤에 불초자가 장구(章句)를 나누고 음의(音義)를 풀이했는데, 마침 어머니께서 나를 낳느라 고생하신 날에 붓을 놓았으니, 또한 기이하구나! 삼가 한 마디 말을 책 끝에 쓴다.

아! 이 책을 본 뒤에야 내가 스스로를 해치는 자임을 알았다. 사람에게 착한 본성만 있어도 오히려 군자가 그것을 확충하도록 독려하는데, 하물며 기질이 애당초 순수하지 못한 경우에 있어서랴! 이 책은 내가 처음 가르침을 받은 것이니, 10개월 동안 가르쳐 주신 것이 이처럼 정성스러웠다. 나는 어린아이였을 때에 본성이 성인과 조금도 다르지 않았으나,[13] 아버이를 여읜 뒤에는 낭패 당하고 전복되어 한결같이 지금에 이르렀다. 지금 어리석은 것이 어찌 부모님 때문이겠는가? 이는 내가 스스로를 해친 자이기 때문일 뿐이다. 내가 스스로를 해친 자이기 때문에 우리 부

13) 이는 자신의 본성에 대한 겸사(謙辭)로, 태어날 때는 보통사람과 성인의 본성이 똑같이 선하지만, 보통사람은 자라면서 선한 본성을 잃어버린다는 의미이다. 『맹자(孟子)』「등문공상(滕文公上)」에 "맹자께서 사람의 본성이 선(善)함을 말씀하셨는데, 그때마다 반드시 요순(堯舜)을 예로 들었다.[孟子, 道性善, 言必稱堯舜.]"라고 하였는데, 이에 대한 주희(朱熹)의 주석에 "성(性)은 사람이 하늘에게서 받고 태어난 이(理)이니, 혼연히 지극히 선(善)하여 일찍이 악(惡)함이 있지 않았다. 그리하여 보통 사람과 요순이 처음에는 조금도 다름이 없었으나, 다만 보통 사람은 사욕에 빠져 이것을 잃었고, 요순은 사욕에 가려짐이 없어 그 본성(本性)을 채웠을 뿐이다."라고 하였다.

모님이 나를 낳고 길러주신 은혜가 전부 묻혀서, 세상 사람들로 하여금 불초한 자식을 낳았다고 말하게 하였으니, 우리 부모님을 얼마나 무함(誣陷)한 것인가? 이것이 이 책을 전하지 않을 수 없는 이유이니, 책을 보는 자들은 우리 부모님의 자식 농사에 수확이 없음을 가엾게 여기길 바란다.

금상 원년 신유년(1801, 순조1) 3월 27일 계묘일에 불초자 경(儆)은 삼가 기록하다.

유희의 어머니인 사주당 이씨는 『태교신기(胎教新記)』의 저자로 유명하다. 이 글에는 사주당 이씨가 『태교신기』를 저술한 정황이 잘 드러나 있다. 유희는 1801년에 『태교신기』의 장구(章句)를 나누고 음의(音義)를 풀이하여 『태교신기장구대전(胎教新記章句大全)』으로 만들었다.

사주당 이씨는 여성의 학문 활동을 부정적으로 바라보는 당대 상황에 불만을 품고, 학문에 매진하여 한 명의 지식인으로서 살고자 하였다. 『태교신기』는 사주당 이씨가 남긴 유일한 저술인데, 사주당 이씨는 『태교신기』에서 유가적인 부덕(婦德)만을 강조하지는 않았다. 사주당 이씨는 의학과 성리학을 접목하여 자신만의 독특한 견해를 세우고, 스스로의 임신 출산 경험도 책에 반영했다. 기존의 태교서가 남자 태아를 여자 태아로 바꾸는 방법 등 미신적인 내용을 다룬 반면, 사주당 이씨는 임산부와 태아의 건강을 우선하는 태교서를 만들었다.

유희는 이러한 어머니의 저술에 주석을 달면서 여훈서(女訓書)의 형식을 따르지 않고, 사서장구집주(四書章句集注)와 같은 경전(經典)의 형식을 철저히 고수했다. 이는 유희가 사주당 이씨를 어머니로서만이 아니라 스승으로서 여겼기 때문에 가능한 일이었다. 유희는 「사대(師對)」라는 글에서 스승을 어머니처럼 여겨야 한다고 말하기도 했다. 사주당 이씨도 『태교신기』 1장 2절에서 다음과 같이 말한 바 있다.

> 아버지가 낳아주고 어머니가 길러주고 스승이 가르쳐주는 것은 한 가지 일이다. 의술을 잘하는 자는 병이 들기 전에 다스리고, 잘 가르치는 자는 낳지 않았을 때 가르치니, 그러므로 스승의 10년 가르침이 어머니의 10개월 기름만 못하고, 어머니의 10개월 기름이 아버지가 하루에 낳아주는 것만 못하다.

사주당 이씨 스스로도 자식을 잘 가르치기 위해 노력했으며, 유희 역시 어머니를 스승으로 여겼다. 그리하여 유희는 『태교신기』를 경전의 형태로 정리하여 『태교신기장구대전』을 만들게 되었다. 이처럼 어머니의 저술에 아들이 주석을 단 것은 조선 시대에 보기 드문 파격적인 시도였다. 『태교신기』에 담긴 내용 자체도 주목할 만하지만, 유희가 어머니의 저술을 재편하는 데 많은 공력을 들였다는 점도 우리나라에 지성사에서 남다른 의미를 지닌다.

고모의 덕행을 기록한 고종사촌 누이

跋徐姉錄母夫人德行

이것은 우리 고모 이상서 부인(李尙書婦人)의 덕행을 서술한 것으로, 고모의 딸 서내(徐內)[14]가 찬술(撰述)한 것이다. 우리 고모는 연세가 여든셋인데 훌륭한 명성이 여전히 쇠하지 않았다. 사촌 누이가 갑자기 이 글을 지은 것은 어째서인가? 예전에 한(漢)나라의 태사(太史) 사마천(司馬遷)이 이미 당대에 「효무본기(孝武本紀)」[15]를 저술했고, 근래에 김상고당(金尙古堂)[16]이 살아있을 때 이원

---

14) 서유본(徐有本)의 부인 빙허각 이씨(憑虛閣李氏, 1759~1824)를 가리킨다. 빙허각 이씨는 유희의 고종사촌 누이이다.

15) 한 무제(漢武帝) 유철(劉徹, B.C.156~B.C.87)의 본기(本紀)로, 사마천의 『사기(史記)』 권12에 수록되어 있다. 사마천이 『사기』를 저술할 당시의 황제가 한 무제였다.

16) 김광수(金光遂, 1699~1770)로, 조선 후기의 문인 서화가이자 골동

교(李圓嶠)[17]가 김상고당의 묘지(墓誌)를 지었다. 이는 기사(記事)라는 문체는 매우 중요한데 기록할 적임자를 얻는 것은 더욱 어려우므로, 혹시라도 하루아침에 문장을 잘 짓는 자가 먼저 죽어버려 마침내 불후하게 전하지 못하게 될까 염려했기 때문이다. 사촌 누이가 비록 스스로 사마천·이원교와 같다고 자랑한 것은 아니지만, 지금 이 글을 보니 시종일관 정밀하고 합당하며[精當] 사실에 꼭 맞는 것[的實]을 추구하였다. 우리 고모에 대한 칭송이 세상에 가득하여 임금님의 귀에까지 들어갔는데, 이 책에서 검증해 보았더니 과장하거나 장황하게 쓰지 않은 것이 이와 같았다. 그러니 사촌 누이의 마음에 '털끝만큼이라도 같지 않으면 곧 다른 사람이 되기 때문에 이 일을 다른 사람의 손에 맡길 수 없다'라고 여긴 것을 알 수 있다.

사촌 누이가 불행히도 막 상을 당해 밤낮으로 곡을 하여 이로 인해 치료하기 힘든 병이 들어, 스스로 다시 일어나기 어렵다고 여겼다. 그런데 큰형[18]이 이미 세상을 떠났

수집가이다. 본관은 상주(尙州), 자는 성중(成仲), 호는 상고당(尙古堂)이다.

17) 이광사(李匡師, 1705~1777)로, 조선 후기의 문인 서화가이다. 본관은 전주(全州), 자는 도보(道甫), 호는 원교(圓嶠; 員嶠; 員喬)·수북(壽北)이다.

18) 이병정(李秉鼎, 1742~1804)으로, 자는 이중(頤仲), 호는 이암(彜菴)이다. 유희의 고모 유씨(柳氏)와 이창수(李昌壽) 사이에서 태어난 큰아들로, 빙허각 이씨의 오빠이다.

고 세 조카도 아직 장성하지 않아 모부인(母夫人)의 평소 정숙하고 어진 행적을 후손들에게 전할 수 없을 듯하였기 때문에, 이처럼 어쩔 수 없이 기록한 것이다. 그러나 보는 자들이 누이가 고심한 것을 알지 못하니, 내가 누이를 위해 한마디 말을 하여 드러내고, 또 이로 인하여 삼가 탄복하노라.

무릇 사람의 재주와 뜻은, 지극히 맑고 순수한 기운을 타고난 자가 아니면 훌륭할 수 없다. 천지에 때때로 지극히 맑고 순수한 기운이 있으나, 흩어져서 온화한 바람·상서로운 구름·아름다운 초목·진귀한 짐승이 되니, 사람에게 모이는 것은 많지 않다. 한 명이라도 그런 기운을 지닌 자가 있으면, 이치상 그 재주와 뜻을 이루어주고 떨쳐 일으키게 하여, 맑고 순수한 기운이 그 사람에게 모인 본의(本意)를 저버려서는 안 된다. 우리 사촌 누이의 경우는 이러한 재주와 이러한 뜻을 지녔으나 여자의 몸으로 태어나 애초에 그 중 십 분의 일도 이루지 못하였다. 또 이어서 외롭게 하고 속박되게 하였으니, 이는 결코 재주와 뜻을 떨쳐 일으켜주는 도(道)가 아니다. 아마도 남들이 얻고자 하는 바를 얻더라도 모두 소유할 수는 없기에, 또한 오히려 날개만 주고 앞발은 안 주었으며 뿔만 주고 이빨은 안 준 것[19]인가? 아니면 천지의 큰 운수가 이미 때가 지나서, 성

19) 세상 이치로 볼 때, 양립하는 두 가지를 동시에 다 얻을 수는 없는 것을 의미한다. 『한서(漢書)』 권56 「동중서전(董仲舒傳)」에 "하늘은

성이는 항상 위축되고[20] 용렬한 자는 항상 가득하여, 선한 이에게 복을 주는 하나의 이치가 끝내 이런 운수를 만회하지 못한 것인가?

우리 고모께서 부귀하고 장수하신 것은 세상에서 제일가니, 만년에 조금 서운하신 점이 있더라도 오히려 조물주가 우리 고모를 후하게 대해주었다는 사실에는 흠 될 것이 없다. 아! 지금 천하의 수만 백성 중에 어린 시절 바란 것을 이룬 자가 과연 몇이나 되겠는가? 내가 유독 우리 사촌누이에 대해서만 한스러워하는 것은 아니다.

병인년(1806, 순조6) 4월 중순에 내종제(內從弟) 진양(晋陽) 유경(柳儆)이 삼가 발문을 쓰다.

조선 후기의 유명한 여성 학자 빙허각 이씨(憑虛閣李氏, 1759~1824)는 바로 유희와 고종사촌 관계이다. 유

역시 고루 공평하게 나누어 주었으니, 강한 이빨을 준 동물에게는 뿔을 주지 않고 날개를 달아준 새에게는 두 다리만을 주었으니, 그 큰 것을 받은 동물은 다시 작은 것을 가질 수 없는 법이다.[夫天亦有所分予, 予之齒者去其角, 傅其翼者兩其足, 是所受大者, 不得取小也.]"라고 하였다.

20) 「춘추설제사(春秋說題辭)」에 "성성이란 사람들로 하여금 긍지를 갖게 하고 잘 살피는 동물이다. 그러므로 말을 잘하여 맹렬한 양(陽)의 기운을 지닌 부류로 하여금 아랫사람을 단속하게 할 수 있다.[猩猩者, 矜精者也. 故能言, 可使陽烈之類, 以檢下.]"라고 하였다.

희의 고모가 이창수(李昌壽)와 혼인하여 빙허각 이씨를 낳았다. 빙허각 이씨는 서유본(徐有本, 1762~1822)과 혼인했는데, 서유본 집안은 박학으로 유명한 가문으로서 서유본은 아내의 학문을 높이 평가했다.

빙허각 이씨가 자신의 어머니의 덕행을 기록한 책을 쓰자, 유희는 그 책에 발문을 써주었다. 이 글에서 유희는 고모가 지닌 덕행과 그 딸 빙허각 이씨가 지닌 재능을 칭송했다. 여기서 특히 눈에 띄는 점은, 빙허각 이씨가 재주를 펼치지 못한 것을 유희가 안타까워한 대목이다. 유희는 빙허각 이씨가 훌륭한 뜻과 재주를 지녔음에도 불구하고, 여자로 태어난 탓에 날개를 펼치지 못한 것을 슬퍼했다.

사주당 이씨가 마음껏 학식을 드러내지 못한 것을 곁에서 지켜보았기 때문인지, 유희는 여사(女士)가 단지 여성이라는 이유로 뜻을 펼치지 못하는 것을 늘 애석하게 여겼다. 특히 유희는 문재(文才)를 지닌 넷째 누이가 세상에서 인정받지 못하는 것을 안타까워했다. 유희는 「넷째 누이가 통소 소리를 듣고 감회가 일어 지은 시 3수에 차운하여, 답으로 보내다[次韻四姉聞簫感懷詩三首, 答送」에서 "여사에게 지기(知己)가 없으니, 박한 운명이 슬플 뿐만이 아니네.[女士無知己, 非徒薄命悲.]"라고 하였으며, 「비옹칠가(否翁七歌)」에서도 "남자로 태어나지 못한 것 스스로 한스러워하며, 한 손으로 쇠미한 문호를 들어 일으켰도다[自恨不作男子身, 隻手擎起門戶衰.]"라고 하였다. 유희는 빙허각 이씨나 넷째 누이와 같이 자신의 재주를 펼치지 못하는 여성들을 안타까워했다.

이러한 안타까움 때문인지 유희는 여성들의 저술에 서발문을 지어, 그들의 학식을 널리 알리고자 했다. 앞서 살펴본 것처럼, 유희는 어머니의 『태교신기』에 서문을 지었을 뿐만 아니라, 빙허가 이씨가 모친의 덕행을 기록한 책에도 발문을 지어주었다. 만약 유희의 서발문이 없었다면, 이들 저술이 편찬된 경위는 세상에 알려지지 않았을 것이다. 유희는 집안의 여성들의 재주가 세상에 알려지기를 간절히 바랐다.

부인에 대한 제문

祭婦文

갑술년(1814, 순소14) 12월 5일 신유일(辛酉日)에 남편 유경(柳儆)은 세상을 떠난 아내 이씨(李氏)의 무덤에 곡하고 제사 지내노라.

아! 영령(英靈)이 세상을 떠난 지 이미 6개월이 되었고, 내가 부고를 들은 것도 이미 100여 일이 되었소. 낮에 겨울 산을 마주 보니 잎 떨어진 나무엔 뿌리도 없고, 밤에 빈 창가에 기대니 흩날리는 눈발이 마당에 가득하오. 생명을 부지하기 어려움에 감회가 일고 망자가 품었을 한이 떠올라 끝없이 부끄러움만 남으니, 지아비 된 자의 부끄러움은 시간이 지날수록 더욱 풀리지 않소.

아! 경술년(1790, 정조14)의 만남이 적당한 배필이 아닌데 배필이 된 것이란 점은 영령도 참으로 이미 알 것이오. 경술년부터 지금까지 25년이 지났는데, 나와 영령은 세 번 만났다가 세 번 떨어졌으니, 비록 인연이 닿지 않은 것이라 하더라도 실로 나에게 후회가 없을 수 없소. 내가 초년에 처가와 불편했던 것은 피차간에 어그러졌기 때문이고, 영령이 우리 어머니를 끝까지 봉양하지 못한 것은 형세상 마땅한 일이었으니, 누가 옳고 누가 그른지 따지지 않겠소. 이는 참으로 이른바 '인연이 불길하고 인륜이 어긋났다'는 것이오. 내가 성을 내고 영령이 지혜롭지 못하여 불행히도 그런 상황을 당하였소. 그렇지만 처음에는 사위로서 제대로 사위 노릇을 못했고, 끝에 가서는 가장으로서 귀를 닫지 못했으니 이것이 내가 부끄러운 마음을 스스로 풀 수 없는 까닭이오.

아! 첩을 얻은 것은 자식이 없어서였고, 거처를 옮기고 나서 그대를 잊은 것은 가난 때문이었으니, 실로 모두 영령을 박대했기 때문이 아니라오. 그러나 만일 사랑하는 마음이 깊었다면 어찌 이런 지경에 이르렀겠소. 이것이 나에게 후회가 없을 수 없다고 말한 까닭이오. 협곡[단양(丹陽)]에 거처한 뒤로 다시 도성에 들어가 또 영령을 만났소. 그런데 나는 본래 말이 많은 것을 좋아하지 않아서, 그대가 괴로운 심정을 하소연하고 한스러운 마음을 풀어내는 것을 미처 받아주지 못했소. 그러나 시집온 여인을 다시 친정으로 돌아가게 하여, 형제들에게 웃음거리가 되고 세상살이가 애처롭게 했으니, 내가 어찌 내 잘못을 스스로 모르겠소. 이 때문에 올봄에 만났을 때 조금이나마 더 살아서 다시 단란하게 지내자고 약속했으니, 하룻밤의 만남이 끝내 천고 백 년의 약속이 되어 갑자기 다른 생으로 갈릴 줄 누가 알았겠소.

아! 나와 영령의 빈천함은 모두 예삿일이니 한스러워할 것이 못 되오. 그러나 오히려 빈천한 탓에 인연의 불길함은 더욱 그 징험을 드러냈고 인륜의 어긋남을 마침내 미봉하지 못했으니, 이것이 또 부끄러운 가운데 더욱더 부끄러운 점이오.

아! 기사년(1809, 순조9)에 이별할 적에 영령이 특아(特兒)를 불러 훗날 어머니를 봉양하도록 했는데, 특아가 아직 장성하지 못했으니, 당시의 한마디 말이 듣는 이로 하여금 코가 시리고 목이 메게 한다오. 인생은 부질없어, 이처럼 부지하기 어렵구려.

아! 영령이 6월 20일 이후에 세상을 떠났는데, 내가 영령의 꿈을 꾼 것이 26일이었고 이윽고 3일이 지나 영령의 부고가 이르렀소. 이 어찌 영령의 일념이 단양에 오랫동안 매여있어 갑자기 혼이 떠나지 못해, 마침내 500리나 떨어진 객지에 귀의한 것이 아니겠소. 나는 본래 꿈을 꾸지 않고 또 평상시에 영령의 꿈을 꾼 적이 없으니, 26일에 한 번 나타난 것은 결코 우연히 꿈에서 만난 것이 아닐 것이오. 그렇다면 영령이 이미 단양 집의 처마에 있겠구려! 만약 아직 가지 않았다면 지금 나를 따라서 동쪽으로 와도 되오.

아! 영령이 먼 곳에서 병들었는데 내 의술을 써보지도 못하고, 영령의 부고가 이미 늦게 와서 또 시신을 어루만지며 염하는 것을 보지 못했소. 역병이 도는 곳에 범접할 수 없고 중매하는 일에 누차 얽매여, 시일을 지체하다가 달려와 곡(哭)하여 어느덧 오늘에 이르렀으니, 그 사이 100여 일이나 지났소. 내가 어찌 잠시라도 스스로 느긋한 적이 있었겠소. 오직 일이 나를 얽매고 상황이 그렇게 만들었기 때문이었다오. 무정하게도 살아서도 죽어서도 그대를 잊은 듯이 굴었으니, 이는 실로 내가 더욱 오랫동안 부끄러워하는 것이라오.

아! 용인 고을은 영령이 가난하게 지냈던 곳이오. 맹세컨대, 상여를 끌고 돌아가 묻어주어 전날에 돌아가지 못한 한을 조금이나마 위로하고자 하나, 흉년에 객지에 있어 우선 봄이 오길 기다리고 있소. 영령이 이미 제기(祭器)를 떠나 무덤에 들어갔을 테지만, 상여를 옮기는 일이 늦어지는 것은 부디 내 처지를 헤아려 주시오. 족관(族館)에서 추운 계절에 제사 음식을 갖추지 못하였으니, 포와 과일도 영령이 흠향하기에 부족하오. 이런 것에 이르러서도 오히려 '부끄럼[愧]' 한 글자를 피하지 못했으니, 과연 나의 부끄러움이 없는 곳이 없구려.

총괄해 보건대, 부부의 정이 어찌 이승과 저승에 가로막히겠소. 나의 마음은 하늘이 살펴줄 것이고 영령도 이미 알 것이오. 이 몸이 부끄러워하는 바를 끝내 감히 스스로 풀지는 못했으나, 영령은 또한 '명(命)'이라는 한 글자로써 어둑한 저승에서 한을 풀었으리라 여기오.

신에게 고하는 글이 이와 같으니, 다 털어놓음에 나의 마음 괴롭고 영령의 운명 슬프구나. 아, 슬프도다! 흠향하소서.

유희의 첫 번째 부인 전주 이씨(全州李氏)는 1814년에 병으로 세상을 떠났다. 유희는 죽은 부인을 위하여 위와 같은 제문(祭文)을 지었다.

제문의 요체는 "공손하고도 슬퍼하며 망자(亡者)를 애도하는 것"이다. 따라서 대부분의 제문은 망자를 추모하면서 망자의 살아생전 행적과 덕을 칭송하기 마련이다. 특히 세상을 떠난 부인에게 지어준 제문의 경우, 대부분 부인이 현모양처이자 효부라고 칭송하기에 여념이 없다. 그런데 유희의 제문은 일반적인 제문과는 사뭇 다르다. 유희는 이 글에서 부인과 좋지 않았던 관계, 서로에 대한 원망을 여과 없이 드러냈다. 유희는 죽은 부인에 대한 자신의 부끄러움과 후회를 고백하는 데 그치지 않고, 부인에게 서운했던 점도 토로하고 있다. 이처럼 망자에 대한 감정을 솔직히 드러내는 제문은 보기 드물다.

가까운 사람을 먼저 떠나보낸다는 것은 쉬운 일이 아니다. 특히 부인과 관계가 썩 좋지 않았던 유희는 부인의 죽음 앞에서 수많은 감정이 교차했을 것이다. 유희는 제문에서 부인과 자신의 관계를 미화하지 않고, 서로의 잘못을 숨기지도 않았다. 그 대신 유희는 지난 일을 담담히 서술했다. 유희는 제문에서 망자에게 자신의 심정을 토로하고 망자와의 추억을 회상하면서, 망자와의 관계를 정리하고자 했다. 즉 유희는 이 제문을 통해 부인과 자신의 묵은 감정을 풀어냄으로써, 부인을 진정으로 추모하고자 한 것이다.

이 글을 처음 읽으면, 솔직함이 지나치다는 생각이 들 수도 있다. 하지만 이 글을 두세 번 읽다 보면, 망자에 대한 미사여구(美辭麗句)로 점철된 제문보다 훨씬 깊은 감동이 느껴진다. 이 제문의 어구 하나하나에는 부인과의 관계를 회복해보려 하였으나 결국 그러지 못한 유희의 회한이 절절하게 묻어있다.

큰형님에 대한 제문

祭伯氏文

갑술년(1814, 순조14) 12월 정시(丁巳) 10일 병인일(丙寅日)에, 아우 유경(柳儆)은 삼가 초우제(初虞祭)로 인해 형님의 영령께 곡(哭)하고 고합니다.

아! 아우가 왔는데 우리 형님은 알지 못합니까? 형님이 세상을 떠났는데 아우는 영결하지 못했고, 아우가 왔는데 형님께서는 알지 못하는군요.

아! 하늘이 한 것입니까, 사람이 한 것입니까. 하늘의 명이 이르렀는데 사람이 어쩌지 못하는 것입니까.

아! 하늘이 구족(舊族)을 보우하지 않는 것이 우리 집안보다 심한 경우가 없고, 또 온갖 고생과 괴로움을 나만큼 다 겪은 이가 없습니다. 일찍이 생각하고자 하면 눈물이 줄줄 흐르고 말하고자 하면 가슴이 막혔으니, 진실로 차례로 조목조목 아뢰지 않을 수 없습니다.

아! 우리 선친(先親) 대에 우리 집안이 불행을 당한 것이 중간에 20년 있었습니다. 우리 선친의 재주와 덕행을 당시에 한번 시험해 보지 못했고, 또 이어서 20년 동안 곤액에 막혔습니다. 그런즉 집안의 기운이 결국 순조롭게 응하지 않아 처량하고 근심스러운 기운에 감응했으니, 집안의 운수가 후하지 않은 것이 마땅합니다. 그러므로 을해년(1755, 영조31) 이후 20년 사이에 태어난 우리 형제자매들이 모두 험난함을 겪지 않은 이가 없어, 끝없이 곤액을 당했습니다. 더구나 저와 형님은 험난하고 후하지 못한 운수를 타고난 데다가 한미하고 점차 쇠락하는 가문을 만났으니, 평생 겪은 일이 인정상 감당할 수 없는 정도일 뿐이 아니었습니다.

아! 형님이 일찍 부친상을 당한 것과 제가 일찍 고아가 된 것은 같습니다. 임자년(1792, 정조16)·계축년(1793, 정조17) 즈음에 여러 집에서 모두 가장(家長)의 상을 당했고, 게다가 역병이 돌고 기근이 들어 전장(田庄)을 다 팔고 친척들이 다 흩어졌으니, 이는 우리 형님이 일을 처리하심에 본분을 다하지 못해서 그런 것입니다. 갑인년(1794, 정조18) 사이에 옥살이를 하여 형님께 근심을 끼쳤고, 기사년(1809, 순조9) 이후로는 이사를 가서 마침내 아우의 도리를 다하지 못했습니다. 이는 제 잘못이니, 어찌 감히 변명하겠습니까.

아! 우리 형님은 너그럽고 부드러우며 올바르고 졸박(拙朴)하여, 어려서는 세상에 스스로를 드러내지 않았고 늙어서는 가난하게 지내고 깊은 병이 들어 오늘날에 이르렀습니다. 이것이 어찌 가문에 관계된 것이 아니겠으며 운명이 그렇게 만든 것이 아니겠습니까.

아! 복부(腹部) 질환은 우리 집안에서 원수로 여기는 병이니, 제가 어찌 형님의 고치기 힘든 병을 헤아리지 못하겠습니까. 그래도 형님을 지극히 아끼는 마음에 가려져, 형님이 환갑 때까지는 사시길 바랐습니다. 더구나 저의 작년과 올해 두 해는 일생 중 가장 심한 재앙을 겪었다고 할 만합니다. 밖으로는 남들의 노여움 때문에 괴로웠고, 안으로는 가난으로 고생했으니, 실로 어머니 곁을 떠나 500리나 떨어진 먼 곳에 가기 어려웠습니다. 올봄에 찾아가 안부를 여쭈었을 때 다행히도 조금 병이 나은 기색이 있었으니, 며칠간 모시고 있던 것이 끝내 천고의 한이 될 줄 누가 생각이나 했겠습니까. 한여름에 아내의 상에 달려가지 못했고 가을 동안 혼사(婚事) 논의를 결정하지 못했으니, 길을 나섰다가 중간에 그만둔 것이 몇 번이나 되는지 모릅니다. 이제서야 막 출발했는데, 죽편(竹便)의 부고가 이미 이르렀습니다.

아! 우리 형님의 나이는 이미 요절은 면했습니다. 몇 해나 더 사실지 별다른 기약이 없다가 하루아침에 세상을 떠나, 참혹하고 암담한 광경을 다시는 보지 않게 되셨으니,

소원한 자의 입장에서 논한다면 필시 극도로 놀랍고 애통한 상(喪)이라 하지는 않을 것입니다. 다만 늙은 어머니가 멀리 계시고 딸 한 명이 아직 시집가지 않았기에 곡하는 소리가 또 온 집안에 가득합니다. 두 장아(莊兒)가 곁에서 약시중을 들다가 상을 당해 겨우 장례를 치르고 있는데, 집안 내에 믿고 의지할 사람이 없으니, 추후 혼인의 예식과 자손을 가르치는 책임은 필시 제가 고향으로 돌아간 뒤에야 다할 수 있을 것입니다. 우리 형님이여, 우리 형님이여! 지금 이미 신명(神明)이 되셨으니, 부디 아우를 위해 장애물을 없애 마음껏 일을 처리하게 해 주시고, 물자를 도와주어 가속(家屬)을 데리고 돌아가게 해 주소서. 또한 쇠한 가세를 점점 일으키고 있으니 운수를 돌릴 방도가 혹여 있지 않겠습니까.

아! 수족(手足)만 간단히 염(斂)하고 곧바로 장사지내더라도[21] 오히려 두 아이의 효에는 해가 되지 않으나, 아우가 와서 곡함에 진실로 제 애통함을 만분의 일도 펴지 못했습니다. 그러나 거친 밥과 푸성귀만 먹는 가난을 생전에

---

21) 형편에 맞게 조촐하게 장례를 치르는 것을 의미한다. 『예기(禮記)』「단궁하(檀弓下)」에 "어버이가 죽었을 때 겨우 수족(手足)만 간단히 염(斂)하고 빨리 장사 지내며, 겉 널[槨]을 쓰지 못하더라도 자기의 생활 형편에 맞게 하면 그것을 예(禮)라고 한다.[斂手足形, 還葬而無槨, 稱其財, 斯之謂禮.]"라고 하였다. 또 『공자가어(孔子家語)』 권10 「곡례자공문(曲禮子貢問) 제42」에 "돌아와 장사지내는데 관을 매달아 하관한다.[還葬, 懸棺而封.]"라고 하였는데, 이는 예를 갖추지 않고 곧바로 장사지낸다는 의미이다.

이미 함께했으니, 얇은 포와 말린 과일로 올린 조촐한 제수를 영령도 응당 용서하실 테지요. 아, 슬프도다! 흠향하소서.

1814년에 유희의 부인 뿐만 아니라, 유희의 이복형 유흔(柳俒) 마저도 병으로 세상을 떠났다. 이 글 역시 부인에 대한 제문과 마찬가지로, 지난 일에 대한 솔직하고 담담한 서술이 돋보인다.

사주당 이씨는 남편 유한규가 세상을 떠난 뒤, 전처(前妻)의 자식들에게 폐를 끼치고 싶지 않아 유희를 비롯한 4남매를 데리고 분가하였다. 이 때문에 유한규가 세상을 떠난 뒤에, 유희는 유흔과 한집에서 지내지 않았다. 아마도 유희와 유흔은 친밀한 관계는 아니었던 것 같다.

이 글에서 유희는 쇠락한 가문을 제대로 돌보지 못한 이복형을 원망하였다. 하지만 유흔에 대한 유희의 감정은 가난한 어린 시절을 함께했다는 유대감과 연민이 기저를 이루고 있다. 더불어 유희는 형에게 아우로서 도리를 다하지 못했다는 죄책감도 지니고 있었다. 이처럼 유희는 형에게 연민과 슬픔을 느끼고 있었지만, 망자의 흠결을 결코 미화하지 않았다. 오히려 망자의 흠결과 그에 대한 원망을 솔직히 드러내어, 자신과 망자 사이의 감정의 골을 해소하고자 했다.

제문은 망자와 산 사람의 관계를 재조정하는 역할을 하기도 한다. 유희의 제문은 그러한 역할을 충실히 수행하는 글이다. 유희는 '망자의 삶' 보다는 '자신과 망자의 관계'에 초점을 맞추어 제문을 썼다. 유희는 제문을 통해 망자와의 관계를 정리하고, 진정으로 망자를 떠나보내고자 하였다. 유희의 제문은 '죽은 이를 어떻게 떠나보내야 하는가'하는 문제에 대해 다시 한번 생각해 보게 한다.

제3부

세상의 길흉화복

나뭇결이 아름다운 목재를 택하는 이유

逍遙子詩稿序

내 집은 마산리(馬山里)인데, 한 목수가 와서 이웃에 살았다. 내가 살펴보니 목수는 살구나무 뿌리를 잘 다루어 목재로 만들었는데, 널리 나무꾼들에게 부탁하여 반드시 물가 낭떠러지에 있으면서 빙설(氷雪)이 쌓여 있고 도끼와 낫으로 잘린 것을 찾아 베어 오게 하였다. 내가 괴이하게 여겨 물어보자 목수가 이렇게 말했다.

"살구나무는 문목(文木)입니다. 꽃과 열매 또한 아름다운데, 하늘의 도리는 모든 것을 다 주지는 않습니다. 그러므로 비옥한 땅에서 자라 높이 솟은 나무는 겉은 화려하지만 속에 나뭇결이 없습니다. 척박한 땅에 서 있어 오랜 세월이 지나도 자라지 못한 것이라야 비로소 나뭇결[文理]이 생기니, 뿌리가 돌을 만나서 얽혀 구불구불해지면 무늬가 더욱 아름다워집니다. 게다가 격한 물결에 침식이 되면 그 뿌리가 반은 숨고 반은 드러나서 이전에 아름다워진 모습이 다양해집니다. 더구나 다시 큰 도끼와 긴 낫으로 날마다 새로 돋는 가지를 베어서, 땅 위의 잘린 부분이 대금(大笒)을 묶어놓은 것처럼 되면, 나무 진액이 그 안에 온전히 모여 이전에 다양해진 모습이 이에 견고해집니다. 다시 여름의 뇌우가 그것을 씻어주고 겨울의 빙설이 그것을 덮어주면, 천지의 참된 정기[眞精]가 한줄기 뿌리에 감응해 부딪혀서, 이전에 견고해진 것이 더이상 삐뚤삐뚤 갈라지거나 좀이 슬 우려가 없습니다. 이것이 제가 반드시 이런 나무를 구하려 하는데 더욱 얻기 어려운 이유입니다."

내가 물었다.

"그대는 겉이 화려한 나무와 속에 나뭇결이 있는 나무 중 어느 것이 낫다고 여깁니까?"

그러자 목수가 대답했다.

"살구나무의 수명은 수십 년에 불과합니다. 잘 자라 겉모습이 화려한 나무가 재앙을 만나 울퉁불퉁해진 나무보다 못하지는 않을 듯합니다. 하지만 화려한 나무는 얼마 지나지 않아 썩어 문드러져 버섯이나 쓰러진 풀과 함께 거름흙 속에 파묻혀, 땅강아지와 개미가 여기에 굴을 파고 들불이 이것을 재로 만들 것입니다. 그러니 어찌 쪼개고 깎으며 갈고 다듬어 크게는 수레 재료나 침상 재료가 되고 작게는 칼자루나 채찍 손잡이가 되어, 천만 냥의 값어치를 지녀 귀공자의 손에서 완상(玩賞)되어 대대로 사라지지 않는 것에 비할 수 있겠습니까?"

나는 하늘을 우러러보며 탄식하며 말했다.

"이것이 내가 조화옹에게 유감이 없을 수 없는 까닭입니다. 어찌 유독 나무만 그렇겠습니까? 글을 잘 짓는 사람은 또한 근심하고 감개하며 억울해하는 선비 중에 항상 있습니다. 근심할 적엔 그 글이 처량하고, 감개할 적엔 그 글이 호방하며 억울할 적엔 그 글이 기세가 꺾여 있습니다. 글이 뛰어날수록 신세는 더욱 곤궁하니, 비록 그 사람의 이름을 백 대에 남기더라도, 또 어찌 아무런 재앙이나 어려움을 겪지 않고 일생을 누리는 것만 하겠습니까?"

그러자 목수가 발끈하며 말했다.

"그대의 말은 지나칩니다. 나는 나뭇결이 아름다운 살구나무 때문에 나뭇결이 없는 나무를 가엾게 여기니, 또 마땅히 글을 잘 짓는 선비 때문에 글을 짓지 못하는 사람을 가엾게 여겨야 합니다. 구구한 영고성쇠(榮枯盛衰)를 그대는 어째서 탄식합니까?"

내가 이 말을 들은 지 며칠 지나지 않아, 벗 윤중화(尹仲和)[22]가 자신의 시고(詩稿)를 가지고 와서 보여주었다. 이 벗의 시는 오랜 세월이 지나지는 않았으나 시의 체격(體格)이 이미 세 번 변했다. 윤중화가 괴로움을 겪을 때마

---

22) 윤흡(尹潝, ?~1814)으로, 자는 중화(仲和), 호는 소요자(逍遙子)이다. 광주·용인 지역에 거주한 향촌 문인으로 유희의 절친한 벗이다.

다 번번이 시가 훌륭해졌으니, 시가 훌륭해질 수 있었던 것은 괴로움이 그렇게 만든 것이다. 시가 괴로움과 서로 기약한 것이 아니라, 벗이 괴로움을 겪을 때 술로도 취하지 못하고 노래로도 미치지 못하여, 마침내 이어 시를 지어서 처량하거나 호방하거나 기세가 꺾인 시를 짓게 되었는데도 스스로 알지 못한 것이다. 내가 일찍이 이 벗의 뜻을 슬퍼했는데, 지금 나에게 서문을 부탁하기에 그 청을 거절할 수가 없어 마침내 목수와의 문답을 써서 보낸다.

병진년(1796, 정조20) 5월 초에 진양(晉陽) 유경(柳儆)은 서문을 쓰다.

『소요자시고』는 유희의 어릴 적 벗 윤흡(尹潝)의 시집이다. 윤흡은 용인의 향촌 문사로, 유희의 평생 시우(詩友)였다. 『문통』에는 윤흡과 주고받은 시문 및 편지가 많이 수록되어 있다.

이 글은 시인의 곤궁함에 대해 이야기하고 있다. 송나라 구양수(歐陽脩)는 매요신(梅堯臣)의 시집에 써준 「매성유시집서(梅聖兪詩集序)」에서 "세상에 전하는 시는 대부분 옛날 곤궁했던 사람들의 글에서 나왔다.[蓋世所傳詩者, 多出于古窮人之辞也.]", "시가 사람을 곤궁하게 하는 것이 아니라 곤궁해진 뒤에야 시가 훌륭해진다.[非

詩能窮人, 殆窮而後工也.]"라고 하였다. 즉 시인 중 곤궁한 사람이 많은 까닭에 대해, 구양수는 사람이 곤궁함을 겪을수록 훌륭한 시가 나오기 때문이라고 하였다. 유희 역시 구양수와 비슷한 논리를 펼치며, 윤흡이 괴로움을 겪었기에 시가 훌륭해졌다고 평했다. 시인이 그 무엇으로도 해소할 수 없는 괴로움을 문자로 풀어내는 순간, 비로소 훌륭한 시가 탄생한다는 것이다.

하지만 이러한 견해에 반론이 없을 수 없다. 온갖 괴로움을 겪어 좋은 시문을 남긴 인생이, 과연 시는 남기지 못하더라도 평탄하게 살아간 인생보다 낫다고 할 수 있을까. 어떤 사람의 일생이 견디기 힘들 만큼 괴로웠다면, 그가 좋은 시를 남긴들 무슨 소용이 있겠는가. 이러한 의문에 대해, 유희는 목수와의 대화를 통해 새로운 시각을 제시한다.

유희의 이웃집 목수는 반드시 척박한 땅에서 온갖 시련을 겪은 나무뿌리를 구하고자 하였다. 그 까닭은 이렇게 시련은 겪은 나무뿌리야말로 그 속에 아름다운 무늬를 간직하고 있기 때문이다. 이러한 나무뿌리가 잘 다듬어져 보배로운 물건이 된다면, 겉모습은 화려하지만 언젠가 시드는 나무보다 훨씬 오래도록 전해질 수 있다. 따라서 목수는 '겉모습만 화려한 나무보다는, 시련을 겪어 아름다운 나뭇결을 간직한 나무야말로 좋지 않은가' 라고 여겼다.

목수의 이러한 생각은 시인에게도 적용해 볼 수 있다. 나무뿌리와 마찬가지로, 사람도 고난을 겪으면서 내면이 더욱 성숙하고 아름다워진다. 이렇게 단련된 내면을 지닌 사람이야말로 훌륭한 시를 지을 수 있다. 시가 길이 전해진다면, 그 사람이 세상을 떠나더라도 그의 아름다운 내면과 혼은 영원히 세상에 남게 된다. 유희는 목수의 입을 빌려, 훌륭한 작품을 남긴 곤궁한 시인의 삶이 결코 부귀영화를 누린 사람의 삶보다 못하지 않다고 항변한다.

지금 우리가 감상하는 명작 가운데는 불우한 삶을 살다간 이들이 남긴 작품이 많다. 명작을 남긴 작가, 화가, 음악가는 그들의 작품을 통해 사람들 가슴속에 영원토록 남는다. 비록 삶의 괴로움을 겪더라도, 길이 전해질 만한 아름다운 내면을 갖는 것이야말로 사람이 누릴 수 있는 진정한 복이 아닐까. 유희의 글은 이러한 질문을 우리에게 던져준다.

하늘은 시인을 아껴준다

送尹仲和赴海西序

무릇 자신이 좋아하는 일을 말하고 싶어하고 자신이 하고 싶지 않은 일을 말하기 싫어하는 것은 인정상 필연적이다. 지금 어떤 어린아이가 스스로 "채소를 좋아하고 생선과 고기는 싫어해요."라고 말한다면, 아이의 어머니는 분명 아이에게 채소를 줄 것이다. 그런데 이윽고 아이가 원망하면서 "나에게 맛있는 것을 주지 않는군요."라고 말한다면 또한 이치에 어긋나지 않겠는가. 나는 일찍이 세상의 논자들이 "문인(文人) 시객(詩客)은 하늘이 제일 아끼는 것을 얻어 마침내 시기를 받아 이러한 곤궁함을 겪는 것이다."라고 말하는 것을 괴이하게 여겼다. 이런 말을 하는 자는 어린아이가 원망한 일화와 또한 무엇이 다르겠는가. 문장은 진실로 하늘이 매우 애호하는 것이다. 속세 사람들이 자신의 마음에 비추어 헤아려서 하늘도 시기 질투하는 품성을 갖추었다고 여기니, 이는 '하늘이 온 세상을 날마다 어지럽게 만들어서 세상을 무너뜨려 결딴내는 지경에 이른 뒤에야 그칠 것'이라고 여기는 것이 아니겠는가.

하늘은 문장을 짓는 자를 위해 산악을 만들어 두어 그 기운을 북돋아 주고, 호수와 바다를 만들어 두어 그 뜻을 이끌어주며, 꽃·새·눈·달을 만들어 두어 종종 아름다운 계절이면 그것을 문장 소재로 삼게 해주고도, 오히려 한 가지라도 문인의 바람에 맞지 않는 바가 있을까 두려워한다. 그런데 문장 짓는 사람은 "부귀는 비루하게 여길 만하고, 빈천은 즐거워할 만하고, 고고함은 숭상할 만하다."라고 말하고는, 이런 말을 입에 올릴 뿐만 아니라 또 책에도 쓴다. 그러니 저 하늘의 애호하는 마음으로, 어찌 문인이 비루하게 여기는 것을 제거하고 문인이 즐거워하고 숭상하는 것을 주지 않겠는가. 이는 백이(伯夷)가 인(仁)을 이룬 것이나 군평(君平 엄준(嚴遵))이 세상을 버린 것과 마찬가지로, 문인이 자초한 것이지 하늘이 문인을 박하게 대한 것이 아니다. 진실로 곤궁함을 복으로 여기고 누려서 하늘에 머리를 조아리며 감사하기를 호구소(胡九韶)[23]처럼 해야 할 것이다. 어찌 감히 조금이라도 원한을 드러내어 은혜를 저버리는 죄에 스스로 빠질 수 있겠는가.

---

23) 호구소(胡九韶)는 명나라 때 사람으로, 자는 봉의(鳳儀)이다. 안빈낙도(安貧樂道)하는 삶을 삶았다.

내가 항상 이로써 백대(百代) 문인들의 남은 혼령을 위로하였다. 지금 해서(海西)로 부임하는 중화(仲和)[24]를 배웅하며 태연히 있을 수 없기에, 글을 지어 보낸다. 무오년(1798, 정조22) 2월 그믐, 관청농부(觀靑農夫).

이 글은 윤흡(尹潝)이 1798년에 황해도 관리로 부임해 갈 때 유희가 써준 송서(送序)이다. 윤흡이 이때 황해도로 떠나자, 유희는 윤흡을 그리워한 나머지 그를 만나 정답게 이야기 나누는 꿈을 꾸기까지 했다. 이 글은 윤흡에게 써 준 것이지만, 정작 윤흡에 대한 내용은 거의 없다. 그 대신 유희는 '시인 묵객은 왜 곤궁한가?'하는 문제를 이야기하고 있다. 이 글에 언급된 바에 따르면, 당대 많은 사람들이 "문장이란 하늘이 가장 아끼는 것이기 때문에, 문장을 쓰는 자들을 하늘이 시기 질투하여 곤궁하게 만든다"라고 여겼다.

유희는 이에 대해 재미있는 비유를 들어 반박한다. 아이가 채소를 좋아한다고 말하면, 어머니는 당연히 아이에게 채소를 줄 것이다. 그런데 돌연 아이가 고기를 주

24) 광주·용인 지역에 거주한 향촌 문인으로 유희의 절친한 벗인 윤흡(尹潝, ?~1814)의 자이다.

지 않는다고 투정을 부리면, 얼마나 당황하겠는가. 하늘과 시인, 문장의 관계도 이와 마찬가지이다. 역대 시인들은 청빈(淸貧)을 숭상했다. 따라서 하늘은 시인 묵객의 바람에 따라 그들을 가난하게 해주었을 뿐이다. 하늘이 만약 그들을 부귀하게 해준다면, 이는 야채가 좋다고 하는 아이에게 고기를 주는 것이나 다름없다.

따라서 유희는 시인의 곤궁함을 하늘에 탓해서는 안 된다고 하였다. 하늘은 시인의 바람대로 가난하게 해주고, 게다가 수많은 문장의 재료까지 늘어놓아 주었는데, 시인이 도리어 가난을 이유로 하늘을 원망한다면 이는 이치에 맞지 않는다. 시인이야말로 하늘이 아끼는 존재이다. 유희는 이러한 논리를 통해, 자신과 윤흡을 비롯하여 세상의 수많은 곤궁한 문사(文士)를 위로했다.

화복은 어디에서 오는가

原禍福

하늘은 화복(禍福)을 가지고 사람을 붙든다. 사람 중 지혜로운 자 또한 화복을 말하여 우매한 자를 붙드는데, 그 설이 한 가지가 아니다. 타고난 운명이 정해져 있다는 설이 쌍둥이 때문에 사라지고, 관상(觀相)에 대한 설이 잔형(殘形)25)때문에 사라진 뒤에야, 풍수의 설이 나왔다. 상고(上古) 시대에는 사람이 죽으면 들판 한가운데 버렸고, 근고(近古) 시대에는 매장하는 것으

25) 잔형은 신체가 손상되는 것을 말한다. 공자가 제자 칠조개(漆彫開)에게 벼슬할 것을 권유했는데, 칠조개는 아직 자신이 없다고 하며 사양하자, 공자는 칠조개의 뜻을 높이 평가했다. (『論語』「公冶長」) 이처럼 덕을 지닌 칠조개였으나, 훗날 신체가 손상되고 말았다. 『공총자(孔叢子)』「힐묵(詰墨)」에 "칠조개는 신체가 손상되었다.[漆雕開形殘]"라고 하였다.

로 바뀌었으나, 그래도 여전히 산줄기를 찾고 혈(穴)을 택하여 방위와 날짜를 따지는 방술은 없었다. 하지만 세도(世道)와 인재가 지금보다 몇 배는 더 융성했으니, 그 설을 수고롭게 논파하지 않아도 저절로 논파되었다.

불교의 설은 또 매우 교묘하다. 현생(現生)의 화복은 전생(前生)의 선악(善惡) 때문이고, 현생의 선악은 내생(來生)의 화복을 기다린다고 한다. 저들은 밭 가는 자가 수확할 줄 모르고 수확하는 자가 밭 갈 줄 모르게 하려고 하는데, 그 설을 논파하려고 해도 취하여 증거로 삼을 것이 없다. 그렇지만 전생·내생이란 명칭은 본디 꾸며낸 것이다. 더구나 지극히 강건한 상천(上天)은 사람이 태어날 적에 조금도 간여한 적이 없는데, 사람의 형질(形質)이 이미 변한 뒤에 상천 스스로도 알지 못하는 지옥을 뒤늦게 만들어서, 오직 불교로 하여금 사람들의 우매함을 이용해 뇌물을 차지하도록 했겠는가.

천주학의 설은 더욱 이치에 가깝다. 선한 사람에게 복이 내리지 않으면 "한 번 나쁜 생각을 했기 때문이다."라고 하고, 악한 사람에게 화가 내리지 않으면 "한 번 좋은 생각을 했기 때문이다."라고 한다. 이는 사람의 행실과 화복이 완전히 부합하지 못하는 것을 문제로 여겨, 억지로 별도의 논리를 세워 변수에 대응하려고 한 것이다. 그렇지만 지극히 공평한 상천이 어찌 차마 그 사람의 전체적인 선악을 버리고, 단지 숨어있던 한 번의 생각을 끄집어내서 도리어 그 상벌을 부당하게 내리고자 하겠는가. 겨우 작은 악에 해당하는 나쁜 생각을 금하고, 대뜸 큰 악에 해당하는 실제 악행을 권하니, 나는 그것이 가장 하책(下策)이라는 것을 알겠다.

무릇 화복과 선악은 필연적인 이치인데, 단지 하늘이 복을 내려주고 화를 내려주는 것이 또한 이미 많은 방법이 있기 때문에 우매한 자가 현혹되어 혹 미처 살피지 못하는 것이다. 상제(上帝)는 만물을 살리려는 마음은 크고 만물을 죽이려는 마음은 작다. 이 때문에 악한 사람이 받는 화는 단지 죽음으로 벌 받는 데 그치고, 선한 사람이 받는 복은 오래 남아 후대 사람과 함께 누린다. 조물주가 매우 아까워하는 것은 명(名)이고, 이(利)는 그다음이다. 이 때문에 숨은 덕행을 한 자와 숨은 악행을 한 자가 응보(應報)를 받는 것이 반드시 큰 선행을 한 자나 큰 악행을 한 자보다 먼저 일어난다. 군자에게 큰 책임을 지우고 소인을 소원하게 대하는 것은 시골 글방 선생이라도 할 수 있다. 이 때문에 마음을 잘 다스리는 자에겐 근심을 주어 성장시켜 주고, 자신을 해치는 자에겐[26] 그 흉악함을 후하게 봐

26) 『맹자(孟子)』「이루상(離婁上)」에 맹자가 "자신을 해치는 자와는 함께 도(道)를 말할 수 없고, 자신을 버리는 자와는 함께 도를 행할 수 없다. 말할 때마다 예의(禮義)를 비방하는 것을 일러 자신을 해치는 '자포(自暴)'라 하고, 나는 인(仁)을 행하거나 의(義)를 따를 수 없다고 포기하는 것을 일러 자신을 버리는 '자기(自棄)'라고 한다.[自暴者, 不

주어 벌하니, 흥성한 나라에 재앙이 있거나 망해 가는 나라에 상서가 있는 것과 거의 같은 이치이다.

증석(曾晳)은 회와 구운 고기보다 대추[羊棗]를 맛있어 했고,[27] 예운림(倪雲林)[28]은 죽음보다 분뇨를 더 참혹하게 여겼으니, 무엇을 길흉(吉凶)이라 하겠는가. 사람마다 추구하고 피하는 게 다른 것이 이러하다. 이 때문에 남을 성취시켜 주는 인(仁)[29]을 행하고도 자신의 죽음이 불행하거나, 남에게 포악하게 구는 기만을 저지르고도 죽을 곳에 가지 않는 경우가 있다. 운수는 한 세상에 관계된 것은 크고 한 사람에게 관계된 것은 작다. 이 때문에 왕조 말기에 선한 사람은 곤궁과 요절을 면치 못하는데 악한 사람은

可與有言也, 自棄者, 不可與有爲也. 言非禮義, 謂之自暴也, 吾身不能居仁由義, 吾身不能居仁由義, 謂之自棄也.]"라고 하였다.

27) 증석(曾晳)은 공자의 제자이자 효자로 유명한 증삼(曾參)의 아버지이다. 증석은 살아있을 때 대추를 즐겨 먹었는데, 증석이 세상을 떠나자 증삼은 아버지 생각에 차마 대추를 먹지 못했다고 한다. 『孟子』「盡心下」

28) 예운림(倪雲林)은 원말명초의 문인 화가인 예찬(倪瓚)을 가리킨다. 예찬의 자는 원진(元鎭), 호는 운림거사(雲林居士)이다. 결벽증이 있는 것으로 유명하여 예찬의 결벽증에 관련된 여러 일화가 전한다. 그의 죽음에 대해서도 여러 설이 있는데, 일설에는 예찬이 임종 전에 이질(痢疾)에 걸렸는데도 더러운 것을 가까이하지 않았다고 하고, 또 다른 설에는 주원장(朱元璋)이 예찬을 똥구덩이에 던져 빠져 죽게했다고도 한다.

29) 『논어(論語)』「안연(顔淵)」에 "군자는 남의 아름다움을 성취시켜 주고, 남의 악한 일은 성취시켜 주지 않는다. 소인은 이와 반대이다.[君子成人之美, 不成人之惡, 小人反是.]"라고 하였다.

영달을 보존하는 경우도 있다. 화복을 내리는 방법은 이처럼 매우 많은데, 그 까닭을 찾아본다면 끝내 선악으로 귀결되는 것은 마찬가지이다.

『서경(書經)』에 "선을 따르면 길하고 악을 따르면 흉하다.[惠迪吉, 從逆凶.]"라고 하였으니, 길흉의 대체는 이와 같을 뿐이다. 공자께서 "사람이 사는 이치는 정직(正直)이니, 정직하지 않은 데도 살아 있는 것은 요행히 죽음을 면한 것이다[人之生也直, 罔之生也, 幸而免.]"라고 하셨으니, 종종 사람의 행실과 화복이 부합하지 않는 것은 이러할 뿐이다. 오직 우매한 백성은 그렇지 않아서 그 자신이 좋아하는 것은 축원 만한 것이 없고 그 자신이 미워하는 것은 저주와 욕설 만한 것이 없으니, 애초에 평소의 행실을 보아서 평소의 상서(祥瑞)를 고찰하지 않고 번번이 하늘을 원망하는 말을 한다. 이것이 믿을 수 없는 화복의 논의가 세상에 크게 유행하여 이단(異端) 잡술이 저마다의 설을 가지고 이간할 수 있는 까닭이다.

유희는 이 글에서 화복(禍福)의 이치에 대해 논하였다. 세상을 살다 보면, 선한 이가 반드시 복을 받고 악한 이가 반드시 벌을 받는 것은 아니다. 선한 사람이 고생을 하다가 불행하게 죽기도 하고, 도리어 악한 사람이 천수를 누리다가 평온한 죽음을 맞이하기도 한다. 인간 세상의 화복이 이처럼 모순되는 까닭은 무엇인가.

평생 불우한 삶을 보냈던 유희는 유독 인간사의 화복이나 영고성쇠(榮枯盛衰)에 대한 글을 많이 남겼다. 이 글은 화복이 내리는 이치에 대해 본격적으로 탐구한 글이다. 사주팔자, 관상, 풍수지리 등 화복의 근원을 논하는 설은 매우 많다. 불교에서는 윤회설에 근거해 화복을 이야기하고, 천주학에서는 천당·지옥설을 통해 화복을 이야기한다. 유희는 이러한 수많은 설이 모두 우매한 백성을 꾀어내는 말에 불과하다고 보고 있다.

그렇다면 화복은 어디에서 오는 것일까. 선한 일을 한 자가 곤궁하게 지내고, 악한 짓을 저지른 자가 떵떵거리며 사는 세상을 우리는 어떻게 이해해야 할까. 유희는 '화'와 '복'이라는 결과에 연연하지 말고, 인간이 지켜야 할 본분에 충실할 것을 강조하고 있다. 유희의 생각은 "선을 따르면 길하고 악을 따르면 흉하다.[惠迪吉, 從逆凶.]"라는 한마디 말로 요약될 수 있다. 하늘이 선한 자와 악한 자에게 복과 화를 내리는 방법은 너무도 다양하기 때문에, 모든 경우의 수를 다 논리적으로 설명하기는 어렵다. 따라서 우리가 할 수 있는 일은 선을 행하며 정직하게 살아가는 것 뿐이다.

사실 악한 짓을 저지른 자가 요행으로 살아남아 평탄하게 죽음을 맞이하더라도, 과연 그것이 '길'한 일이라고 할 수 있을까. 그 사람은 죄책감에 시달리며 여생을 보냈을지도 모르고, 아니면 죽은 뒤 커다란 오명에 시달릴 수도 있다. 이것은 과연 '길'한 일일까. 오히려 살아 있을 때 악행에 대한 죗값을 치르는 것이 그 사람에 더 '길'한 일은 아니었을까. 유희의 이 글은 인생의 길흉화복과 선악에 대해 많은 생각을 하게 해준다.

공과격에 대한 비판

功過格辨

군자가 사람을 논할 적에 그 사람의 행위를 가지고 논하지 않고, 그 사람이 행위를 하게 된 까닭을 가지고 논한다. 그 행위를 논한다면 전걸(田乞)이 백성들에게 많이 나누어 주고 세금을 적게 거둔 것[30]도 인(仁)이 될 수 있으며, 제 환공(齊桓公)이 주(周)나라를 높이고 오랑캐를 물리친 것[31]도 의(義)가 될 수 있다. 그러나 그 행위를 하게 된

30) 전걸(田乞)은 춘추 시대 진(陳)나라 귀족의 후예로, 제 경공(齊景公) 때에 대부가 되어 백성들에게서 세금을 거둘 때에는 작은 말(斗)을 사용하고 창고의 곡식을 백성들에게 나누어 줄 때는 큰 말을 사용하여 백성들에게 덕(德)을 베풀어 민심을 얻었다. 안자(晏子)가 전걸을 그렇게 하도록 놔두어서는 안 된다고 제 경공에게 누차 간하였으나, 제 경공은 듣지 않았다. 훗날 제나라는 결국 전걸의 후손인 전화(田和)에게 정권을 빼앗기고 나라를 잃었다. 『史記 卷46 田敬仲完世家』

31) 제 환공(齊桓公)은 춘추오패(春秋五霸) 중의 한 사람으로, 주나라 왕

이유를 논한다면, 무릇 천작(天爵)을 닦아 인작(人爵)을 구하는 것은 모두 군자가 허여하는 바가 아니다. 옛날의 성왕(聖王)은 편안하게 해주는 방법으로써 백성을 수고롭게 하고 살려주는 방법으로써 백성을 죽였다.[32] 백성을 수고롭게 하고 백성을 죽였는데도 포학함이 되지 않았던 것은 이러한 행위를 하게 된 마음이 장차 백성을 편안하게 해주고 백성들을 살려주려 했기 때문이다. 이단(異端)의 행위도 또한 선함이 없는 것은 아니지만, 선을 행하게 된 마음이 옛 성왕과는 달랐으므로 그 행위도 아울러 선할 수 없다.

불교의 권화(勸化)의 술법에 '공과격(功過格)'이란 것이 있으니, 사람이 부처 앞에서 어떠한 소원을 발원하고 몇

실이 미약해진 시기에 존왕양이(尊王攘夷)를 내세워 천자국인 주(周)나라 왕실을 존숭했다. 제 환공은 군사를 거느리고 초나라로 쳐들어가서, 초나라가 주나라 왕실에 조공을 바치지 않은 죄와 주 소왕(周昭王)이 남방(南方)을 순수(巡狩)하러 갔다가 죽임을 당한 사건을 문책하여 초자(楚子)에게 사과를 받아 내고 다시 맹약하였다. 『春秋左氏傳 僖公 4年』

32) 『맹자(孟子)』 「진심 상(盡心上)」에 "편안하게 해주는 방법으로써 백성을 부리면 백성들이 비록 고달프더라도 원망하지 않으며, 살려주는 방법으로써 백성을 죽이면 백성들이 비록 죽더라도 죽인 자를 원망하지 않는다. [以佚道使民, 雖勞不怨, 以生道殺民, 雖死不怨殺者.]"라고 하였다. 편안하게 해주는 방법으로 백성을 부린다는 것은 곡식을 파종하거나 지붕을 얹는 일 등을 백성에게 시키는 것을 말하고, 살려주는 방법으로 백성을 죽인다는 것은 백성을 살리기 위해 악한 자를 제거하는 것을 말한다.

천 몇 만 가지의 선한 일을 행하겠다고 맹세하고서, 공(功)을 헤아려 소원을 이룰 정도에 맞으면, 부처가 오른쪽 부절을 잡고서 그 공덕에 따른 응보(應報)를 내려준다고 한다. '격(格)'이라는 말의 뜻은 '예(例)'와 같다. 이러이러한 행동은 공(功)이 몇 푼이고, 이러이러한 행동은 과(過)가 몇 푼인데, 어떠한 소원을 이미 발원한 사람이 날마다 행사(行事)의 달력대로 수행하여, '공'의 예에 부합하면 그것을 쓰고 '과'의 예에 부합해도 또한 그것을 쓴다. 오랫동안 행한 뒤에, '공'을 가지고 '과'를 보충하고 나서 그 뒤에 얻은 수가 몇 천 몇 백인지를 헤아리니, 이것을 '원(圓)'이라고 한다. 그 말에 또 "뇌물을 받되 선을 행한 것과 세력에 굴복하되 악을 행하지 않은 것은 '공'의 예에 해당하지 않는다."라고 하니, 이것은 진실로 내가 말한 '그 행위를 논하지 않고 그 행위를 하게 된 이유을 논한다'는 것이 아닌가?

하지만 나는 그것을 매우 우습게 여긴다. 무릇 뇌물을 받되 선을 행한 것이 선이 될 수 없는 것은, 어찌 그 마음이 이익을 구하는 데 있고 선을 행하는 데에 있지 않기 때문이 아니겠는가? 세력에 굴복하되 악을 행하지 않은 것이 악이 될 수밖에 없는 것은, 어찌 그 마음이 죄를 두려워하는 데 있고 악을 하지 않는 데에 있지 않기 때문이 아니겠는가?

지금 불교가 사람을 꾀어내는 방법은 불과 복전(福田)

뿐이고, 사람을 꾸짖는 방법은 불과 지옥 뿐이다. 무릇 사람이 또 복전(福田)을 닦는 공을 세우고자 하여 부지런히 선을 행하고, 지옥에 떨어지는 과실을 면하고자 하여 부지런히 악을 행하지 않는 것은 이익을 구하고 처벌을 두려워한다는 점에서는 마찬가지이다. 그런데 저들은 도리어 "뇌물의 이익을 구하는 것은 선이 되지 못하지만, 복전의 이익을 구하는 것은 선이 될 수 있다. 권세가의 처벌을 두려워하는 것은 악이 되는 걸 피할 수 없지만, 지옥의 처벌을 두려워하는 것은 악이 되지 않을 수 있다."라고 한다. 그리고 마침내 이런 설로 천하의 우매한 백성을 속인다. 저 우매한 백성은 또한 작은 것만 살피고 큰 뜻은 보지 못하여, 이익을 구하고 처벌을 두려워하는 실상은 다른 적이 없었다는 것을 알지 못한다. 이는 또 장자(莊子)가 비판한 "혁대 고리를 훔친 자는 죽임을 당하지만 나라를 훔친 자는 제후가 된다. 제후들의 문에는 인의가 있으니, 그렇다면 인의와 성지까지 훔친 것이 아니겠는가.[彼竊鉤者誅, 竊國者爲諸侯, 諸侯之門, 而仁義存焉, 則是非竊仁義聖知邪?]"라는 말과 같은 경우이니,[33] 어찌 너무도 가소롭지 않은가.

그 무리는 심지어 맹자(孟子)의 말을 끌어다가 "화와 복은 자기로부터 구하지 않는 것이 없다[禍福, 無不自己求之者]."[34]라고 말한다. 무릇 선한 자가 복을 받고 악한 자

33) 『장자(莊子)』 「거협(胠篋)」에 나오는 말이다.

가 화를 당한다는 것은 불교에서도 하는 말이고 맹자도 하는 말이다. 하지만 그렇게 되는 까닭을 논해 보면, 맹자는 "선을 행하면 복이 이르고 악을 행하면 화가 이른다."라고 말하고, 불교에서는 "복을 추구하여 선을 행하고 화를 두려워하여 악을 하지 않는다"라고 말하니, 이것이 어찌 천지 차이가 아니겠는가.

어떤 이가 이렇게 힐난했다.

"맹자의 마음이 진실로 화복에 뜻을 두지 않았다면, '화와 복은 자기로부터 구한다'고 말한 것은 무슨 이유입니까?"

내가 대답했다.

"선이 반드시 복을 초래한다는 것을 알면서도 오히려 남에게 선을 권하지 않고, 악이 반드시 화를 초래한다는 것을 알면서도 오히려 자신에게서 악을 제거하지 않으니, 이는 또한 자기로부터 구하는 것이나 다름없습니다."

만약 반드시 '구한다[求]'는 글자 하나를 집어 불교의 발원(發願)이란 말에 억지로 끌어 붙이려 한다면, 천하 만세에 어찌 화를 구하려는 마음이 있겠는가. 내가 이러한 설에 대해 본래 시끄럽게 따지고 싶지 않았다. 다만 맹자의 설이 이단에 인용되는 것을 차마 볼 수 없어 그렇지 않다는 것을 특별히 말하고, 아울러 군자가 사람을 논하는 법도를 자세히 밝힌다.

---

34) 『맹자(孟子)』 「공손추 상(公孫丑上)」에 나오는 말이다.

'공과격(功過格)'이란 불교 사상이 도교 사상을 습합하여 만들어진 일종의 윤리 규범서이다. 공과격에서는 일상적인 행위를 '공(功, 선)'과 '과(過, 악)'로 분류하고, '공'에 해당하는 행위를 한 경우 점수를 더하고 '과'에 해당하는 행위를 한 경우 점수를 뺀다. 일정 기간이 지난 뒤 점수를 합산하면, 그 점수에 상응하는 화복(禍福)이 내려진다고 한다. 이 글에서 유희는 공과격의 활용 방법을 매우 구체적으로 설명하고, 그 폐단을 논했다.

사람은 누구나 화를 피하고 복을 받고 싶어하기 마련이다. 공과격과 같이 구체적인 지침서에 따라 행동해서 복을 받을 수만 있다면, 얼마나 좋겠는가. 공과격은 복을 받길 원하는 사람들을 너무나 매혹적인 방법으로 유혹한다. 하지만 유희는 이러한 공과격이 근본적인 문제를 갖고 있음을 지적한다. 바로 공과격은 행위의 결과만 평가한다는 점이다.

유희는 선악(善惡)의 평가 기준에는 두 가지, 즉 '행위 자체[所爲]'와 '행위를 하게 된 까닭[所以爲爲]'이 있다고 하였다. 선을 행하려는 의도를 갖고 선한 일을 해야 진정한 선이지, 이익을 탐하여 선한 일을 한다면 결코 진정한 선이 될 수 없다. 악의 경우에도 마찬가지이다.

유희는 진정한 선악은 바로 '행위를 하게 된 까닭'에 근거해 판단해야 한다고 보았다. '행위의 결과'만을 평가하는 공과격은 선과 악의 본질을 흐려 백성들을 꾀어내는 속임수에 불과하다.

이 글은 공과격을 비판하기 위해 지어진 글이지만, 지금 우리가 일상을 살아가는 데에도 깨달음을 준다. 우리는 복을 받고 화를 피하게 해달라고 기도하기에 앞서, 먼저 자기 자신의 마음을 찬찬히 들여다봐야 하지 않을까. 유희는 마냥 좋은 결과만을 바라기보다는, 자신의 내면을 살펴 마음속 깊은 곳에서부터 선을 향하라고 말하고 있다.

제4부

세상 비틀어 보기

용렬한 의원이 하늘을 탓한다

聞醫

의술에 대해 들은 뒤에 일어났으니, 나는 병든 자로구나!

어떤 객(客)이 의원에 관한 설을 비옹(否翁)에게 고해주었다.

"무릇 용렬한 의원은 세상에 공을 세우지 못하고, 반드시 '내 의술 때문이 아니라 고치기 어려운 질병을 만났기 때문이다.'라고 해명할 것이네. 그렇지만 의원은 항상 어려운 질병에서 명성을 얻으니, 자네가 하늘을 원망하게 된 상황이 실제로는 하늘이 마음을 쏟아 자네를 성공시키려 한 것이 아닐지 어찌 알겠는가? 자네에게 마음을 쏟았는데 자네가 끝내 성공하지 못한다면 하늘이 헛수고를 한 셈이니, 하늘이 도리어 자네를 원망하지 않을지 어찌 알겠는가? 하늘이 자네에게 쉬운 질병을 맡겨 자네가 공을 세우더라도, 세상 사람들이 다 어린애는 아니니 그 누가 자네에게 기꺼이 고마워하겠는가? 또 자네가 만약 공을 세우지 못한다면, 그때는 장차 어떻게 해명하겠는가? 그래도 여전히 하늘을 원망하지 않겠는가? 하늘이 쉬운 질병을 주는 것은 자네의 단점을 드러내어 자네의 시끄럽게 떠드는 입을 막는 것임을 참으로 모르는구나. 또 의술이 생긴 것은 무엇 때문인가? 만일 모두 어려운 질병을 피하고 쉬운 질병만 좇는다면, 남들이 자네를 쓸 필요가 없을 것이고 자네도 남에게 드러날 수 없을 것이네. 자네는 장차 쉬운 질병만 다행으로 여기고 어려운 질병은 남에게 버릴 것인가? 남은 유독 무슨 죄를 지었기에 이런 일을 당하며, 자네는 유독 어찌하여 사사롭게 구는가? 만약 자신의 무능함을 허물로 여기지 않고 오직 어려운 질병을 만난 것만을 원망한다면, 어려움을 초래하는 일만 자네에게 있을 것이고 어려움을 벗어나는 경지에는 끝내 스스로 이르지 못할 것이네."

비옹이 말했다.

"그대의 의술에 관한 설을 내가 도(道)의 측면에서 이해해도 되겠는가? 질병에는 본래 어려운 것이 없는데, 용렬한 의원이 스스로 어렵게 여길 뿐이네. 스스로 어렵게 여기면 어려움을 만나는 경우가 더욱 많아질 것이네. 내가 참으로 효성스러우면 친척을 기쁘게 하는 것이 어찌 어렵겠는가? 내가 정말로 진실하다면 벗에게 신뢰받는 것이 어찌 어렵겠는가? 내가 참으로 너그럽다면 어찌 처첩을 다스리기가 어렵겠는가? 내가 참으로 장중하다면 자제들을 가르치기가 어찌 어렵겠는가? 내가 참으로 성실하다면 남을 응대하기가 어찌 어렵겠는가? 내가 참으로 편안히 여긴다면 가난을 감당하기가 어찌 어렵겠는가? 내가 참으로 정직하다면 이치에 어긋난 변고에 대처하는 것이 어찌 어렵겠는가? 내가 진실로 느긋하다면 환란에 대처하는 것이 어찌 어렵겠는가? 질병의 형세는 상대방에게 있으나 의술의 도는 나에게 있으니, 나는 나의 도를 행할 뿐이네. 또 어찌 저 형세의 쉽고 어려움을 따지겠는가?"

그러자 객이

"좋은 말이로다!"

라고 하였다.

이 글에 등장하는 비옹(否翁)은 유희가 1799년부터 쓰기 시작한 자호로, 『주역(周易)』의 「비괘(否卦)」에서 의미를 취한 것이다. 유희는 1799년 정월 초하루에 주역점을 쳐서 본괘(本卦)는 비괘(否卦 ䷋)이고 지괘(之卦)는 해괘(解卦 ䷧)가 되는 '비지해(否之解)'를 얻었다. 유희는 이 괘를 얻고 나서 처세(處世)의 도에 대한 깨달음을 얻었다. 비괘(否卦)의 육이(六二) 효사는 군자가 어려운 상황을 맞닥뜨렸을 경우 그러한 상황을 편히 여겨야 형통하게 된다는 의미를 담고 있고,35) 구오(九五)의 효사는 점차 일이 풀리는 상황에서도 여전히 마음을 다잡아야 한다는 의미를 담고 있으며,36) 상구(上九) 효사는 비색(否塞)이 극에 달하면 곤액이 끝나고 기쁜 일이 오게 된다는 의미를 담고 있다.37) 이러한 효사를 본 유희는 자신의 꽉 막힌 운수를 천명(天命)으로 여기고, 하늘을 탓하지 않기로 결심했다.

이처럼 곤궁한 삶을 운명으로 받아들이기로 결심한 유희는, 이 글에서 도(道)를 의술(醫術)에 빗대어 설명했다. 병을 제대로 못 고치는 용렬한 의원이 자신의 무능함은 탓하지 않고 어려운 병을 맡긴 하늘을 탓한다면, 이는 이치에 맞지 않는다. 의원은 어려운 병을 고칠 수

35) 『주역』「비괘(否卦)」 육이(六二) 효사에 "품고 있는 것이 순히 받드는 것이니, 小人은 吉하고 大人은 否塞하니, 형통하다.[包承, 小人吉, 大人否, 亨.]"라고 하였다.

36) 『주역』「비괘(否卦)」 구오(九五) 효사에 "비운을 그치게 하는 것이라, 대인의 길함이니, 그 망할까, 그 망할까 걱정해야만 떨기진 뽕나무에 매놓은 듯 튼튼해지리라.[休否, 大人吉, 其亡其亡, 繫于苞桑.]"라고 하였다.

37) 『주역』「비괘(否卦)」 상구(上九) 효사에 "비색함을 기울게 하니, 먼저는 비색하고 뒤에는 기쁘다.[傾否, 先否後喜.]"라고 하였다.

있어야 이름을 알리기 마련이다. 쉬운 병만 고친다면, 명의(名醫)로 성장하는 데 무슨 보탬이 되겠는가. 또한 애초에 병든 자를 고치기 위해 의원이 생긴 것이므로, 의원은 치료하기 쉬운 병과 치료하기 어려운 병을 가려서는 안 된다. 어떤 환자를 만나든, 의원을 최선을 다해 치료해야 할 뿐이다.

유희는 우리의 삶도 이와 마찬가지라고 여겼다. 우리는 살아가면서 때로 극복하기 어려운 일을 마주하기도 한다. 하지만 이러한 상황을 만난 것에 대해 하늘을 원망할 수만은 없다. 우리가 스스로 본분을 지키며 내면의 힘을 기른다면, 아무리 힘든 일을 만나더라도 충분히 극복할 수 있다. 이 글에는 고난의 벽 앞에서 좌절하거나 원망하지 않고, 내면을 단단히 하여 한 걸음 앞으로 나아가려는 유희의 의지가 돋보인다.

맹인

盲人

맹인은 지팡이를 짚고 돌다리를 건너도 끝내 길을 잃지 않으나, 눈이 있는 자는 도리어 종종 넘어지기도 하니, 이 사람은 눈에 맡기고 저 사람은 마음에 맡겼기 때문이다. 만약 볼 수 있는 자로 하여금 눈을 감고 다리를 건너게 한다면, 눈을 감았다는 것에만 마음이 쏠려 무엇에 맡길지 신경 쓸 겨를이 없어, 눈과 마음을 모두 쓰지 못할 것이다. 그러므로 한 걸음도 옮기지 못하니, 이것이 맹인과 똑같은 듯하지만 똑같지 않은 차이점이다.

옛날에 천계보(闡季父)의 딸이 숙중공자(叔仲恭子)의 며느리가 되었는데, 길쌈을 잘하는 것으로 노(魯)나라에 이름이 났다. 공자가 방을 사이에 두고 베틀 소리를 들으니, 구슬이 굴러가듯 매끄럽고 사종(斯螽)이 다리를 비비

듯 조화로우며, 절조가 촉급하면서도 끊어지지 않는 것이 마치 강여울이 쏟아지고 나뭇잎이 떨어지는 듯하였다. 공자가 그 소리를 좋아하여 베틀에 다가가 살펴보았다. 며느리는 시아버지가 지켜보고 있는 것을 보고, 베틀 소리가 갑자기 예전의 묘함을 잃어버려, 북을 던졌다 놓쳐다 하며 오래도록 조금도 베를 짜지 못했으니, 공자가 물러나 그러한 이유를 의심하였다. 어떤 사람이 참소하기를, "이 며느리가 가짜로 북을 움직이고, 시장 비단으로 자랑한 것일세."라고 하였다. 며느리는 마침내 쫓겨났으니, 이는 지나치게 마음에 맡겨서 생긴 폐해이다.

사대부가 평상시엔 의리를 담론하고 당대를 논하는 것이 치밀하고 명쾌하여, 털끝만큼도 차이 나거나 조금도 빠뜨린 적이 없다. 그러나 그 사람으로 하여금 높은 지위에 올라 큰일을 맡게 하면, 이해(利害)가 마음을 움직이고 득실이 눈을 현혹하여 멍하니 해야 할 바를 모르니, 잘 모르는 방관자 보다도 훨씬 못하다. 그러므로 공자께서 "평범한 말을 살피기를 좋아하셨다[好察邇言]"라고 하시고[38], 또 『시경(詩經)』에 "나무꾼에게 물어 보았다[詢于芻蕘]"

---

38) 『중용장구(中庸章句)』 제6장에 "공자께서 말씀하셨다. '순(舜)임금은 크게 지혜로운 분이실 것이다. 순임금은 묻기를 좋아하고, 평범한 말을 살피기를 좋아하시되, 악(惡)을 숨겨주고 선(善)을 드러내시며, 두 끝을 잡고 헤아려 그 중(中)을 취한 뒤에 백성에게 쓰셨으니, 이 때문에 순임금이 되신 것이다.[舜其大知也與! 舜好問而好察邇言, 隱惡而揚善, 執其兩端, 用其中於民, 其斯以爲舜乎!]'"라고 하였다.

라고 하였다.[39] 무릇 평범한 말과 나무꾼은 옛 성인과 비교하자면 눈이 있고 없고의 차이보다도 훨씬 더 큰 차이가 나는데도, 성인은 오히려 평범한 말을 살피길 좋아하고 반드시 나무꾼에게 물어보았다. 저 맹인처럼 오로지 마음에 맡긴다하여, 쉬운 것을 몰라서는 안 된다. 나는 도리어 스스로 나의 밝은 눈에 맡기고 억지로 반복해 생각하여 답답한 일을 판단하려고 하니, 돌다리 위에서의 위태로움에 빠지지 않는 경우가 거의 드물 것이다. 경계할지어다!

이는 1817년에 쓴 글로, 유희는 이 글에서 맹인의 비유를 통해 대상을 바라보는 방법을 이야기하고 있다. 맹인의 비유를 통해 사물의 참모습을 인식하는 방법을 설명한 예는, 조선 후기 문인의 글에서 종종 찾아볼 수 있다. 예컨대, 박지원(朴趾源)은 「창애에게 답하다[答蒼厓]」에서, 갑자기 눈을 뜬 맹인이 집을 찾아가지 못하다가 눈을 감은 뒤에야 집을 찾아간 일화를 언급했다. 박지원은 대상의 참모습을 파악하려면, 눈에만 의존하지 말고 고요한 마음으로 대상을 꿰뚫어 보아야 한다고 여겼다.

---

39) 『시경(詩經)』 「대아(大雅) 판(板)」에 "선현(先賢)들이 말씀하되 나뭇꾼에게도 물으라 하셨다.[先民有言, 詢于芻蕘.]"라고 하였다. 아무리 하찮은 사람의 말이라고 하더라도 그 가운데에 쓸 만한 말이 있으므로 성인은 이를 취한다는 의미이다.

유희의 이 글도 서두만 보면 박지원의 글과 비슷한 주제를 이야기하고 있는 것처럼 보인다. 하지만 유희가 예로 든 일화를 보면 꼭 그렇지만은 않다. 숙중공자(叔仲恭子)의 며느리 이야기는 지나치게 마음에만 의존하여 대상을 인식할 때의 문제점을 말하고 있다. 숙중공자의 며느리는 본래 베 짜는 솜씨가 매우 좋았으나, 시아버지가 자신을 바라보고 있다는 것을 인식하자마자 베 짜는 데 집중하지 못하여 결국 베를 조금도 완성하지 못했다. 만약 시아버지가 보고 있다는 것을 잊고 눈앞의 베에만 집중했다면, 예전처럼 베를 잘 짤 수 있었을 것이다.

이어서 고원(高遠)한 담론은 잘하지만 사무는 제대로 처리하지 못하는 사대부 이야기는 눈과 마음을 모두 중시해야 함을 말하고 있다. 높은 관직에 오른 사대부가 일을 제대로 처리하려면, 거시적 차원에서 의리를 살필 줄도 알아야 하지만 미시적 차원에서 하찮은 일도 살필 줄 알아야 한다. 이 일화는 마음으로 깊이 생각해야 할 뿐만 아니라 눈으로 천근(淺近)한 일을 살필 줄도 알아야 한다는 메시지를 전하고 있다.

유희는 대상의 참모습을 파악하기 위해서는 마음과 눈, 두 가지를 적절히 안배할 필요가 있다고 보았다. 즉, 마음과 눈을 함께 사용해 거대 담론과 일상 쇄사(瑣事)

에 모두 능해야, 길을 잃지 않고 앞으로 나아갈 수 있다는 것이다. 이 글은 성리학 담론과 더불어 자질구레한 소기(小技)까지도 섭렵하려고 했던 유희의 사유 방식을 잘 보여준다.

무두장이와의 대화

剝匠對

비옹(否翁)이 정원을 거닐고 있는데, 패랭이를 쓰고 동달이를 입은 어떤 사람이 지나가고 있었다. 걸음을 멈추고 그와 이야기를 나누었는데, 갑자기 어떤 객이 이르러 깜짝 놀라 말했다.

"이 사람은 광주(廣州)의 무두장이[剝匠] 거복(巨福)입니다. 그대는 어찌하여 이 사람과 마주 앉아 있습니까?"

그러자 거복이 발끈 노하여 말했다.

"무두장이도 사람일 뿐입니다. 어찌하여 마주 앉지 못한단 말입니까?"

비옹이 말했다.

"무두장이는 살생(殺生)을 업으로 삼으니, 군자가 무두장이를 어질게 여기지 않는다."

거복이 말했다.

“사냥하여 사슴 잡는 것을 호방하게 여기는 것, 낚시질하여 물고기 잡는 것을 고아(高雅)하게 여기는 것, 벼슬하여 사람을 죽여 영예로워지는 것, 도축하여 소를 죽여 배불리 먹는 것, 이 모두 살생한다는 점은 똑같습니다.”

비웅이 또한 발끈 노하여 말했다.

“네가 감히 벼슬아치가 되고자 하느냐? 사냥하고 낚시하고 벼슬하면서 죽이는 것은 모두 자기의 뜻으로 살생하는 것이다. 너는 남의 지시를 받아 도축하여 가축을 괴롭혀서 돈을 구하면서도 오히려 비루하지 않다고 여기느냐?”

거복이 피식 웃으며 말했다.

“소인은 어리석고 우둔하니, 벼슬하는 일을 어디에서 들었겠습니까? 소인이 일찍이 재상과 이웃이 되어 재상을 뵈었습니다. 어떤 객이 왔는데, 재상의 키가 작은데도 그 객은 키가 크다고 말했으며, 재상의 허리가 굽었는데도 그 객은 곧다고 말했습니다. 이 객이 가고 나서 얼마 지나지 않아 다시 왔는데, 객의 이름이 이미 황지(黃紙)[40]에 적혀 있었습니다. 한편, 재상의 키가 작은데 다른 객은 키가 작다고 말했고, 재상의 허리가 굽었는데 그 객은 굽었다고 말했습니다. 그 객이 가고 난 뒤, 재상은 이전에 왔던 객을

40) 황지(黃紙)는 과거 급제자의 성명을 기록하는 데 사용된 누런색 종이를 말한다.

급히 불러와 귀에 대고 속삭였습니다. 얼마 지나지 않아 '키가 작다', '허리가 굽었다'라고 말했던 객은 이미 형벌을 받아 죽었다는 말이 들렸고, 귓속말을 들었던 객이 다시 왔는데 이미 관복을 입고 있었습니다. 그러니 다른 이의 지시를 받는 것도 똑같고, 다른 이를 죽여서 무언가를 구하는 것도 똑같습니다. 다만 작은 것을 작다 하고 굽은 것을 굽었다고 말한 사람을 가축을 괴롭히는 것에 비견할 수는 없겠으나, 높은 벼슬과 많은 재물이 서로 얼마만큼 거리가 있는지는 잘 모르겠습니다."

비옹이 멍해져 억지로 응답했다.

"네가 비교한 것에는 여전히 차이점이 있다. 너는 손으로 흉기를 잡아 똥이 신발을 더럽히고 피가 옷소매를 적신다. 벼슬하는 자의 경우엔 이런 것이 있느냐?"

거복이 또 피식 웃으며 말했다.

"옹께서 분간하시는 것이 과연 이처럼 보잘것없군요. 남의 작은 키를 크다고 하고 남의 굽은 허리를 곧다고 하여 이름이 적힌 종이를 누렇게 물들이는 것이 똥에 더럽혀진 신발에 가깝지 않습니까. 또 작은 키를 작다 하고 굽은 허리를 굽었다고 한 사람을 죽여, 입은 옷을 붉게 물들이는 것이 어찌 피에 젖은 옷소매와 다르겠습니까. 법을 교묘히 엮고 형벌을 멋대로 사용하는 것은 또 어떻습니까. 저는 저의 도끼를 휘두르는 자이니, 소인의 어리석음과 우둔함은 단지 고향 이웃들에게만 알려질 뿐입니다. 옹께서는 선비이신데, 사실의 정밀함을 궁구하지 않은 채 단지 대략적인 것만 논하고, 마음보의 세밀함은 살피지 않은 채 단지 드러난 현상만 갖고 말씀하시어, 낡은 풍속에 부화뇌동해서 세상 사람이 두려워하는 자를 두려워하고 세상 사람이 업신여기는 자를 업신여기시는군요. 아, 개탄스럽지 않겠습니까."

비옹이 이에 말문이 막혀 조용히 인사하고, 읍하고 문에서 전송해주었다.

유희의 글 가운데는 하층민을 소재로 하여 세태를 풍자한 글이 꽤 있다. 이 글에는 당대 사회의 가장 낮은 계층이라 할 수 있는 무두장이가 등장한다. 유희는 무두장이와 비옹(否翁)의 대화를 가설하여 사대부의 허위의식을 비판했다. 비옹는 바로 유희 자신이자 위선적인 사대부를 대표하는 인물이다.

이 글은 무두장의 천함에 대한 비옹의 비판과 이에 대한 거복의 반론으로 구성되어 있다. 비옹이 거복을 비판하는 근거는 이러하다. 첫째, 거복이 살생(殺生)을 업으로 삼는다는 점, 둘째로 거복이 자의(自意)가 아니라 남의 지시를 받아 살생한다는 점, 셋째로 더러운 오물과 피를 몸에 묻히고 흉기인 도끼를 휘두른다는 점이다. 비옹은 이러한 이유를 들어 거복을 천시했으나, 거복은 비옹의 견해를 조목조목 반박하였다.

특히 거복이 말한 이웃집 재상 이야기는 사대부의 부조리를 날카롭게 꼬집고 있다. 재상의 외모를 거짓으로 칭찬한 객은 과거에 합격하고 관직에 올랐지만, 재상의 외모를 있는 그대로 솔직하게 말한 객은 도리어 죽고 말았다. 거복은 이러한 일화를 통해, 사대부들이 그토록 천시하던 무두장이의 행동이나 사대부의 실상은 전혀 다를 바 없다고 비꼬고 있다. 무두장이의 신발에 묻은 누런 똥은 곧 아부를 통해 얻은 누런 과거 합격 종이와 같으며, 무장장이의 옷에 묻은 가축의 피는 곧 정직한 이를 죽여 얻은 붉은 관복과 같다. 이러한 거복의 비유를 들은 비옹은 결국 할 말을 잃고 무두장이의 말에 승복하고 만다.

이 글에서는 천한 자가 오히려 시대의 본질을 꿰뚫어 보는 역할을 한다. 근엄한 척 '인(仁)'을 운운하던 사대부는 천한 무두장이의 논리를 방어하는 데 급급할 뿐이다. 유희는 귀천에 대한 고정 관념을 깨뜨려, 위선으로 점철된 사대부의 부조리를 드러냈다.

판가의 객점에서 만난 체 장수

板街店遇篩商記

도성에서 나귀를 돌려 판가(板街)의 외딴 객점에 묵었다. 제철 꽃이 가깝고 먼 곳에 피었고 산새가 수풀 너머에서 지저귀니, 기묘년(1819, 순조19) 3월 초였다. 온돌방을 마주한 곳에 상인들이 무리지어 쉬고 있었는데, 밤이 깊어지자 한 상인이 술에 취해 말하는 소리가 제법 오래 들렸으나 나는 알아듣지 못했다. 『사기(史記)』「백이열전(伯夷列傳)」으로 끝마쳤는데, 한 번 소리 내 읽을 적에 음절이 유려하고 구두를 떼는 것이 분명하였다. 「백이열전」의 "암혈지사(巖穴之士)가 세상에 나아가고 물러나는 것에는 때가 있다. 이러한 부류의 이름이 민멸되어 일컬어지지 않으니 슬프구나. 여항(閭巷)의 사람이 품행을 갈고 닦아 이름을 드날리고자 한다면, 청운지사(靑雲之士)에 의탁하지 않고서 어떻게 후세에 이름을 전할 수 있겠는가."라는 구절에 이르러서는, 어조가 격렬하고 오열하여 거의 목소리가 끊어질 듯하였다. 그러다 다시 말소리가 처량해져 마치 비파를 타고 차가운 물방울이 떨어지는 듯하였다. 놀라고 의아하여 급히 일어나 쫓아가 보니, 다만 쑥대머리를 한 객 4명만이 고요하게 있었다. 누가 읽었냐고 묻자, 방금 전에 「백이전」을 읽은 사람이 말했다.

"접니다. 저는 진안(鎭安)에 사는 박(朴)씨 성을 가진 사람입니다. 이름과 문벌(門閥)은 말하지 않겠사오나, 현재는 체를 만들어 파는 일을 업으로 삼고 있습니다."

이에 내가 꾸짖으며 말했다.

"그대는 분명 사대부의 후예로 지기(志氣)가 있고 글을 잘 지을 것이요. 진실로 가난을 근심한다면, 어찌 젊어서 먹고살 방도를 체를 만들어 파는 데서 찾는단 말이오?"

그러자 객은 안색이 변해 오랫동안 있다가 빙그레 웃으며 말했다.

"저는 과거시험에 이미 여러 번 떨어졌는데, 어버이는 늙어가고 아이는 또 성장하니, 과거를 그만두지 않으면 끝내 추위와 배고픔으로 죽을 듯했습니다. 또 생각건대, 지금 사람이 세상에 쓰일 적에, 풍년을 만나도 힘써 밭을 갈지 못하고 예장(豫樟) 같은 좋은 재목도 끝내 들보가 되지 못합니다. 그러므로 제게 힘이 없는 것을 어찌할 수가 없어, 경쟁하지 않는 길에 스스로를 맡겼습니다. 먹고살 방도는 또한 많습니다. 하지만 내가 가진 것이 쌓인 채로 있지 않고 반드시 남에게 전부 취해지는 것은 오직 상인 뿐이요, 거친 것이 정밀한 것을 가리지 못하여 항상 가짜 재료가 와서 섞이지 않는 것은 오직 체 뿐입니다. 이 때문에 기꺼이 천한 이름을 자처하여 이익이 작은 것을 따지지 않고 이 일에 종사한 지 이미 10년이 되었습니다.

무릇 벼슬은 먹고살 방도 중 큰 이익을 볼 수 있는 것이요, 문학(文學)은 벼슬을 취할 수 있는 좋은 계책입니다. 하지만 반드시 힘이 있는 자가 종사해야, 작은 이익을 구하는 자들을 굴복시키고 졸렬한 계책을 쓰는 자들을 부릴 수 있습니다. 그러므로 예로부터 공론이 모두 벼슬한 자들에게서 나왔는데, 스스로 바르다고 하면서 남을 잡스럽다고 하고 스스로 귀하다고 하면서 남을 천시했으니, 그 외 사람들은 또한 머리를 조아리고 수용하여 끝내 감히 언성을 높이지 못했습니다. 그러므로 선비님도 나를 잡스럽고 천하다고 꾸짖는 것일 뿐입니다. 실상을 따져보면, 체를 만드는 것과 글을 짓는 것은 천한 재료를 쓰느냐 귀한 재료를 쓰느냐의 차이만 있고, 시장에서 먹고사는 것과 녹을 받아 먹고사는 것은 소득이 많으냐 적으냐의 차이만 있습니다. 큰 이익을 위해 좋은 계책을 쓰는 것은 다툼이 없는 것만 못하므로, 제가 이 일을 하는 것입니다."

내가 말했다.

"그대의 말을 통달하였네. 그런데 그대 또한 글을 지을 줄 알기 때문에 이러한 것을 아는 것일세. 글을 지을 줄 몰랐다면 이런 깨달음도 없었을 것이요, 깨달음이 없다면 천할 뿐이니, 문학을 비루한 일이라 무시해서야 되겠는가?"

그러자 객이 눈썹을 치켜올리고 불끈 주먹을 쥐고서 세 번 일어섰다 다시 앉았다 하며 말했다.

"성대함이란 비루한 것에서 그칠 뿐입니다. 사람이 만물 가운데 가장 빼어나다고 자부하는 것은 문장 때문이요, 하늘과 귀신이 만물 가운데 사람을 가장 박대(薄待)하는 것도 문장 때문입니다. 하늘이란, 헤아릴 수 없는 것을 하늘이라 하는데, 오직 문장은 그것을 헤아리니, 끊임없이 헤아리다가 마침내 단념하고, 끊임없이 단념하다가 마침내 원망합니다. 귀신이란, 은미한 것을 귀신이라 하는데, 오직 문장은 그것을 밝히니, 끊임없이 밝히다가 마침내 파고들고, 끊임없이 파고들다가 마침내 그것을 무시합니다. 그러므로 하늘과 귀신이 문장 이외에는 원수로 여기는 것이 없으며, 문장을 원수로 여기기에 사람을 원수로 여기는 것입니다. 그러므로 모든 동물이 태어날 적에 각각 추위와 더위를 견딜 수 있는 것을 주어 반드시 그들이 입고 먹는 것 내에서 의탁할 수 있게 해주었는데, 유독 사람만은 알몸으로 떨어지고 산에서 나는 것을 생식(生食)하지 않는 본성을 타고나서, 오직 입고 먹는 것을 반드시 스스로 마련해야 합니다.

그러므로 똑똑한 자는 생각을 짜내고 못난 자는 그에게 부림 당하여, 마침내 모든 산천의 초목과 동물에 이르기까지 해를 끼치지 않는 것이 없어, 마침내 자신과 상대를 해치는 것이 그칠 때가 없습니다. 그러므로 귀곡씨(歸谷氏)의 『음부경(陰符經)』 끝에 "사람은 만물의 도둑이요, 천지(天地)는 사람의 도둑이다."라고 한 것입니다.[41] 박하게 대하는 것이 진실로 이미 심한데, 하물며 사람인 데다가 또 글을 지어 온갖 폐단의 모체가 된 경우는 어떻겠습니까. 옛날에 힐황(頡皇)[42]이 처음 육서(六書)를 만들자 하늘이 놀라 곡식비를 뿌리고 귀신이 노하여 밤에 곡했습니다.[43] 그런데 도리어 이 일을 가지고 스스로 공교(工巧)하다고 여기니, 하늘과 귀신에게 거슬리지 않을 수 있겠으며 해독을 모으지 않을 수 있겠습니까.

힐황 이후로 수만 수천 년 동안 나는 문장 때문에 처지

---

41) 『음부경(陰符經)』은 도교의 대교 경전 중의 하나이다. 『음부경』 「중편(中篇)」에 "천지(天地)는 만물의 도둑이고, 만물은 사람의 도둑이며, 사람은 만물의 도둑이다.[天地萬物之盜, 萬物人之盜, 人萬物之盜也.]"라고 하였다.

42) 힐황(頡皇)은 창힐(蒼頡)을 가리킨다. 창힐은 중국 고대 전설 속의 제왕 황제(黃帝)의 사관(史官)으로서, 새와 짐승의 발자국을 보고 최초로 문자를 창제했다고 한다. 그가 만든 문자를 과두문자(蝌蚪文字)라고 한다.

43) 『회남자(淮南子)』 「본경훈(本經訓)」에 "옛날에 창힐이 문자를 만들자, 하늘이 곡식비를 뿌리고 귀신이 밤에 곡을 했다.[昔者蒼頡作書, 而天雨粟鬼夜哭.]"라고 하였다.

가 좋아진 자는 보지 못했으나, 문장 때문에 독이 쌓인 경우는 낱낱이 셀 수 있습니다. 사람의 몸은 고통을 받는 그릇이요, 문학은 몸에 독을 끼치는 재료입니다. 그러므로 세상에 태어난 자가 처음에 울고, 자라서는 싫어하는 것이 문장입니다. 어린아이의 성령(性靈)은 이를 예견하는데, 오히려 날마다 채찍질하여 글을 가르치고 세상이 글을 익히도록 훈계하여, 반드시 먹고사는 데 있어 큰 욕심을 채우게 하니, 실로 자신의 몸에 독을 끼치도록 자초하는 것이 크게 슬퍼할 만한 일임을 알지 못합니다. 그러므로 팔자가 좋은 자를 논하자면, 무지한 자가 최상이고, 앎은 있으나 글을 짓지 못하는 자가 그 다음입니다. 많이 알면서 글을 잘 짓는 자의 경우엔, 항상 무형(無形)의 형벌이 온몸에 내려지고 무근(無根)의 불꽃이 그 내장을 태우게 되니, 이것이 선비님과 제가 모두 불행한 까닭입니다. 저는 여기서 벗어나, 점차 만년에는 구애되는 바가 없게 되었습니다. 그런데 선비님은 아직도 깊이 빠져 있어, 겉으로는 담론을 크게 펴지만 속에는 근심이 쌓였으니, 매우 슬프다 하지 않겠습니까? 그렇지만 제 말은 격렬하여 후세에 전할 수 없으니, 선비님은 듣기만 하소서."

나는 그 사람을 기이하게 여기고 그의 논의를 슬프게 여겨, 전하지 말라는 경계를 따르지 않고 이 기(記)를 쓴다.

이 글은 유희와 체 장수의 대화로 이루어져 있다. 여기서도 천한 일에 종사하는 자가 세상의 부조리를 간파하고 폭로한다. 이 글에 등장하는 체 장수는 몰락 양반으로서, 생계 때문에 상업에 종사하게 된 사상(士商)이다. 체 장수는 사대부인 유희에게 천시를 받자, 유희의 말에 반박하며 '문학(文學)'을 '체 장수의 일'과 비교했다.

여기서 '문학'이란 문장 및 학문 소양을 포괄하는 말이다. 사대부라면 누구나 '문학'을 업으로 삼을 수밖에 없다. 그런데 문학에 종사하는 것이 과연 장사에 종사하는 것보다 낫다고 할 수 있을까. 이에 대해 체 장수는 '문학'과 '체 장사'의 본질은 다를 것이 없으며, 오히려 '체 장사'가 '문학'보다 나은 점도 있다고 말한다.

글 짓는 일과 체를 만드는 일은 어떠한 재료를 교직(交織)하는 작업이라는 측면에서 동일하다. 또 벼슬길에 나아가는 것과 체를 파는 것은 모두 먹고살기 위해 하는 일이다. 하지만 문학에 종사하는 것과 체를 파는 일은 결정적인 차이점이 있다. 문학에 종사하여 벼슬하는 일은 힘 있는 자만 할 수 있지만, 체를 파는 일은 누구나 할 수 있다. 또한 문학의 장에서는 자신이 지닌 재주를 펼치지 못하는 경우가 있지만, 시장에서는 자신이 가진 체를 모두 팔 수 있다. 그렇다면, 체를 파는 일이 문학에 종사하는 것보다 훨씬 낫다고 할 수 있지 않을까. 이러한 논리를 펴는 체 장수의 말에는, 당대 사대부 사회에 만연한 부정부패에 대한 비판이 담겨져 있다. 체 장수는 힘이 없으면 문재(文才)를 인정받지 못하는 사대부 사회의 부조리를 꼬집고 있는 것이다.

이어지는 대화에서 체 장수는 한 걸음 더 나아가, "하늘과 귀신이 문장 이외에는 원수로 여기는 것이 없다", "문장으로써 처지가 후해진 자는 보지 못했지만, 독이 쌓인 자는 낱낱이 헤아릴 수 있다"라고 말하는 등, 문학의 해악을 신랄하게 비판하고 있다. 하지만 체 장수가 문학의 가치를 온전히 부정한 것은 아니다. 체 장수가 "오직 문장만이 헤아릴 수 없는 하늘의 이치를 헤아린다"라고 한 것을 보면, 체 장수 역시 문학이 가치 있는 일임을 잘 알고 있었다. 체 장수는 정말로 '문학은 체 장사만도 못한 천한 일이다'라고 여긴 것이 아니라, 문재를 제대로 인정받지 못하는 세태를 비판하기 위해 '문학은 체 장사만도 못하다'라고 비꼬아 말한 것이다.

유희의 실제 삶은 이 글에 등장하는 체 장수의 처지와 다르지 않았다. 유희 역시 어린 시절 문학에 부지런히 종사했으나, 벼슬에 나아가지 못하고 결국 농업·의술 등으로 생계를 꾸렸다. 따라서 체 장수의 말은 유희의 생각을 대변한다고 볼 수 있다. 유희는 문학에 대해 서로 다른 시각을 지닌 두 사람의 문답을 가설하여, 문재를 인정받지 못하는 세태에 대한 비판, 문학에 대한 애착과 자부 등, 문학에 대한 자신의 모순되고 뒤섞인 감정을 입체적으로 표현했다.

도협 이야기

盜俠敍

주자(朱子)가 『자치통감강목(資治通鑑綱目)』에서 자객(刺客)을 '도(盜)'라고 썼는데, 자객의 행동은 법을 무릅쓰고 남을 해치며 대비하지 않은 때를 틈타 그 분노를 드러내니 도적인 것이 분명하다. 그러나 삼대(三代)의 일반 백성 중 훌륭한 인재들이 이 한때의 속습(俗習)에 종사하여 그것을 다투어 앙모(仰慕)하고, 칭술(稱述)하는 문사들이 사마천(司馬遷) 이후로 그치지 않으니, 어째서인가. 천지가 만물을 탄생시킬 때 간혹 흉악하고 독하여 미워할 만한 부류도 만들었는데, 그 쓰임새를 따져보면 백성들에게 효용이 없는 것이 아니다. 흉포한 고양이와 호랑이도 그 동물의 신에게 납제(臘祭)를 지낼 수 있고, 여석(礜石)과 비소(砒素)의 독은 질병을 치료할 수 있으며, 자협(刺俠)의 행동도 고할 데가 없는 자의 마음속을 유쾌하게 해 줄 수 있다. 그러니 진실로 말세의 야박한 풍속에서는 자협이 한 명도 없을 수는 없다.

무릇 옛날에는 성인(聖人)이 백성을 염려하는 마음이 또한 주밀(周密)하였다. 예(禮)에서 버린 자들은 형법으로 처벌하였고, 형법이 미치지 못하면 군사를 일으켜 구제했으니, 악을 처벌하는 방도가 이에 다 갖추어졌다. 그러나 형법과 군사를 적용할 수 없는 경우에는 절로 법망(法網) 밖의 자객이 없을 수 없다. 대개 세상이 잘 다스려질 적엔 덕(德)을 숭상하고, 세상이 혼란할 적엔 힘을 숭상하니, 진실로 자객이 필요할 만한 일이 없다.

오직 치도(治道)가 이미 쇠했으나 아직 난세(亂世)가 되지 않은 시기에는 백성이 병통으로 여기는 것이 드러나지 않지만 매우 깊다. 지위가 있는 자는 권세를 끼고 관직이 없는 자는 부(富)를 빙자하여, 백성들을 맹렬하게 억압하고 방자하게 굴려고만 생각한다. 애처롭구나! 외롭고 약한 저 사람들은 무슨 죄로 이런 상황을 만난 것인가. 구차하게 아첨하면 집안이 결딴나고 몸이 치욕을 당하며, 명령을 어기면 앞뒤로 칼날이 들이닥쳐서, 호랑이 앞의 개처럼 죽어도 감히 소리를 내지 못하고 개미 앞의 구더기처럼 많은 무리에 힘으로 저항하지 못하니, 어찌할 수가 없어 죽는 것도 사는 것도 모두 어렵다. 살옥(殺獄)을 담당한 자가 감히 사정을 듣지 않고, 징벌을 주관하는 자가 죄를 처벌하려고 하지 않아서, 깊고 깊은 구중궁궐에 하소연할 수 없고 까마득하게 먼 상천(上天)에 알려질 수 없다. 불선(不善)을 행하면 온갖 재앙을 내린다는 성인의 가르침[44]으로도 이미 그 사나운 자들을 막을 수 없고, 불교의 윤회설(輪迴)과 인과보응설(因果應報說)로도 완악(頑惡)한 자들을 두렵게 할 수 없다. 무릇 흉포한 자를 막고 약자를 구제하는 방법이 여기에 이르러 다 없어졌다.

아! 똑같이 천지가 낳은 사람인데, 유독 억울한 일을 당해 질곡이 이런 지경에 이르러서, 세로(世路)에 분노가 치솟고 귀신도 외롭고 애처로운 처지가 되어, 화기(和氣)가 손상되고 서릿발과 뙤약볕이 이르렀으니, 마침내 원망으로 인한 독기가 맺히고 역병이 생겨났다. 이러한 때에 만약 분개하는 기질과 굳센 힘을 지닌 자가 있어, 시험 삼아 한두 번 그들을 위해 한을 풀어주어 나머지 사람들 놀라게 해서 포악한 자들이 조금이라도 자제할 줄 알게 한다면, 그들의 행동이 비록 예(禮)나 형법으로 다스리는 것보단 못하겠지만, 소문이 나면 강한 자는 감동하여 울고 유약한 자는 의지할 데가 생길 것이니, 천리(天吏) 중 미천한 자가 되는 데 문제가 없을 것이다.

옛날 전국시대(戰國時代)에 유협(遊俠)의 풍습이 크게

---

44) 『서경(書經)』「이훈(伊訓)」에 "상제는 일정하지 않으시어 선(善)을 행하면 온갖 상서를 내리고, 불선(不善)을 행하면 온갖 재앙을 내린다. [上帝不常, 作善降之百祥, 作不善降之百殃.]"라고 하였다.

유행했는데, 진(秦)나라·한(漢)나라에 이르러 조금 쇠퇴했고, 당(唐)나라·송(宋)나라에 이르러서는 법령이 더욱 엄밀해져 마침내 거의 볼 수 없게 되었다. 우리나라는 전대부터 법이 근엄하여 유협의 풍습과 자객의 검술을 결코 듣지 못했으니, 민간에서 의협(義俠)이라고 하는 자도 말로 약자를 도와주거나 재물로 곤궁한 사람을 구제하는 데 불과하다. 근세로 논하자면, 탕자인 이춘장(李春長)과 광병(狂病)이 난 이재함(李在咸)[45]은 모두 이름을 얻을 만한 일이 아닌데 이름을 얻었고, 이규(李珪)·강수평(姜壽平)의 무리는 도척(盜跖)이 민간에 있는 격이나 다름없으니, 나는 일찍이 의아하고 괴이하게 여겼다. 어찌 넓은 우리 동방에서만 유독 과격한 인물이 한 명도 나오지 않아 천년 동안 잠시라도 출현하지 않은 것인가. 몇 가지 놀랄 만한

45) 이재함(李在咸)은 광객(狂客)으로, 종형 이재협(李在協)의 집에 칼을 차고 쳐들어가 목에 칼을 겨누며 정승이 될 것이라 말하는가 하면, 성균관에 들어가 송시열(宋時烈)·박세채(朴世采) 등을 욕하기도 하였다.『與猶堂全書補遺○餛飩錄2』또 머리를 풀어 헤치고 측간에 앉아 "인간 중에 미친 사람이 가장 좋으니, 하늘 위에 비는 왜 이다지도 많을까. [人間狂最好, 天上雨何多?]"라는 시구를 읊기도 했다.『林下筆記 卷26 春明逸史』정조(正祖) 때 그의 병이 낫기를 바라며 동몽교관(童蒙敎官)에 제수했지만, 이재함은 대신의 집에 난입해 발가벗고 뛰어다니며 시원임 대신(時原任大臣)을 욕하는 등 미치광이 행동을 하였다. 또 얼마 뒤 이재함은 조흘강(照訖講)에 응시한 자리에서도 술에 취해 소란을 일으켰으나, 정조가 사람은 본래 선하다며 크게 문제를 삼지는 않았다.『承政院日記 正祖 17年 10月 3日 · 4日, 18年 1月 1日, 21年 7月 25日 · 8月 8日』

일을 듣고 나서야, 자협(刺俠)의 도에도 자취를 숨기거나 드러내는 차이가 있음을 비로소 깨닫게 되었다. 우리 동방의 협객은 모두 그 이름을 숨기고 자취를 없앤 쪽에 속하니, 비록 마음으로 옛 협객을 흠모하더라도 그 자취를 찾을 수 없다. 비록 그들의 일이 교훈이 되기엔 부족하더라도, 온 세상 사람들이 이런 일이 있음을 애당초 알지 못하는 것이 오히려 안타깝다. 그러므로 내가 보고 들은 것을 대략 서술하여 이런 무리가 반드시 후대에 끊어지지 않을 것임을 드러내니, 포악하게 구는 자들은 아마도 삼가고 두려워할 것이다.

[1] 내가 옛날에 경기에 있을 적에 같은 고을에 한 조신(朝臣)이 있었다. 그가 노비에게 수만 냥을 모질게 걷어 잠자리 곁에 두었는데, 아침에 보니 문빗장은 예전과 같았으나 돈이 없었다. 급히 사람 4명을 시켜 정탐하게 하니, 한 부인이 깎아지른 벼랑에 서 있었는데 용모는 17, 8세의 남자 같았으나 여인의 복장을 하고 있었다. 그가 정탐하는 자들을 불러 보따리 하나를 아래로 던지며 말했다.

"빨리 돌아가서 네 주인에게 주거라."

그리고 말을 마치자 산을 넘어 가버렸다. 벼랑이 너무 가팔라 올라갈 수 없어, 정탐하는 자들이 마침내 돌아왔다. 보따리를 열어보니, 수 놓은 베개 한 쌍과 편지 한 통이 있는 것이 보였다. 조신은 안색이 변하여 마침내 도적을 다시는 정탐하지 않았다. 혹자가 전하길 그 편지에 대략 이런 내용이 쓰여 있었다고 한다.

“3년 전에 너는 남의 부인을 불러내 동침했다. 네가 함께 베고 잤던 베개를 내가 가지고 왔으니, 너의 악행을 스스로 깨우쳐야 할 것이다. 지금 만약 그렇지 않으면, 장차 베개 위에 놓인 머리를 취할 것이니, 돈 수만 냥이야 말할 것이 있겠느냐?”

2 또 내가 젊었을 때 해남(海南)으로 귀양을 갔었는데, 읍내에 ‘임점방(林占房)’이라는 바보가 있었다. ‘임점방’이 이름인지 호(號)인지는 모르겠지만, “점방아!”하고 부르면 곧장 대답했다. 나이는 마흔 쯤 되었고 외모는 몹시 못생겼으며, 글자를 모르고 술과 노름을 좋아했다. 친족도 없고 가산도 없었다. 다만 그의 성격은 솔직하며 시원시원하고 또 구하는 것이 적었다. 바닷가를 떠돌았는데, 이교(吏校) 중 부유한 자들이 그와 다투었다. 나는 그를 몇 번 보기는 했지만 그 사람의 됨됨이에 신경을 쓴 적이 없었다.

귀양에서 풀려 돌아오는 길에 영암(靈巖)에서 주막에 묵었는데, 주인 무리가 몰래 말하기를, 어젯밤 아무개 마을의 아무개 노인이 갑자기 피를 토하고 죽었는데 사람들이 해남의 임 바보가 한 짓이라 많이들 의심한다고 하였다. 내가 물었다.

“임 바보가 임점방이오? 어떻게 사람이 피를 토하고 죽게 만들 수 있었소?"

그러자 주인이 이렇게 말했다.

"그 사람은 용맹함과 민첩함이 빼어나, 권세를 갖고 횡포를 부리는 사람을 보면 번번이 팔뚝을 움켜쥡니다. 아마 밤을 틈타 그 노인의 방에 들어가서 노인의 목구멍을 몰래 찔러 피를 토하고 죽게 했을 것입니다. 그런데 달리 잡을 방도가 없고 또 훗날이 두려워 감히 철저히 조사하는 자가 없습니다. 아무개 노인은 부자로, 항상 백성을 괴롭히길 일삼았으니, 임정방이 분노를 금치 못했습니다. 이 때문에 그 사람 짓이라 의심하는 것입니다."

임점방의 출신에 대해 묻자, 주인이 말했다.

"모릅니다. 혹은 양반이라고도 하고 혹은 그렇지 않다고도 하는데, 이 근방에서 떠돈 지 이미 몇 년이 되었습니다."

나는 당시에 갈 길이 급해서 더 상세하게 물어보지 못했다.

③ 또 임술년(1802, 순조2)에 호서(湖西)의 한미한 집안 출신 이공민(李恭民)이 서울에 왔는데, 옛날 임협(任俠)의 일을 말하길 좋아하여 말할 때마다 번번이 숨이 끊어질 듯 비분강개하고 오열하였다. 그 사람은 얼굴 뼈가 앙상히 드러나고 수염은 많지 않고 꼬불꼬불했으며 키는 그다지 크지 않았다. 시를 대략 지을 줄 알고 말투는 마치

가을잎이 떨어지고 강물결이 치는 것처럼 쓸쓸했다. 내가 기이하게 여겨 그와 대화를 나누었는데, 이공민이 이렇게 말했다.

“옛날에는 법망이 느슨하여 이 때문에 임협이 마음껏 행동하였는데, 후대에는 법을 어기면 반드시 죽이므로 혹여 협객이 있더라도 감히 무기를 몸에 지니지 못했습니다. 우리 호서에 호방한 족속이 많은데, 종종 가위에 눌려 죽는 것은 이 때문입니다.”

내가 말했다.

“근래 도성에 한 재상이 장차 화를 당할 듯하였는데 어느 날 밤 갑자기 죽자, 사람들이 독을 먹은 것이라 하였습니다. 또 어느 경(卿)이 저녁에 약한 감기 기운이 있었는데, 밤이 지나 정오가 되기 전에 이미 죽었으니, 사람들이 중악(中惡)[46]에 걸린 것이라 하였습니다. 이는 어쩌면 임협이 한 일이 아닐까요?”

이공민이 말했다.

“그대가 말한 일은 필시 아무개 아무개일 것입니다. 나

---

46) 중풍(中風) 비슷한 병증의 하나이다. 『증치요결(證治要訣)』에 “중악의 증상은 부정(不正)한 기운을 쐰 탓에 갑자기 손발이 차가워지고 살갗에 소름이 돋으며 이마와 얼굴이 검푸르고 정신이 나간다. 혹은 헛소리를 하거나 이를 꽉 물기도 하고, 어지럼증으로 쓰러져 사람을 알아보지 못하기도 한다. 이것이 졸궐(卒厥), 객오(客忤), 비시(飛尸), 귀격(鬼擊)이다. 조문하거나 문상하거나 공동묘지에 가거나 무덤에 올라가면 이 병이 많이 발생한다.”라고 하였다.

는 그들이 죽은 정황을 알지 못하지만, 아무개 재상은 권력을 멋대로 휘둘러 조정과 민간의 사람들이 눈을 흘겼고, 아무개 경도 남에게 원망을 쌓은 일이 몇 가지 있으니, 어찌 의심스러운 일이 없으리라 보장할 수 있겠습니까. 만약 그러하다면, 어찌 죽지 않을 수 있겠습니까. 기세가 한창 대단할 적엔 반드시 죄를 짓거나 병이 나기를 기다립니다. 죄가 있기 때문에 사람들이 독을 먹었다 말하고 병이 있기 때문에 사람들이 중악에 걸렸다 말한 것이니, 이는 그들이 행적을 스스로 속였기 때문입니다. 더구나 사람의 화복(禍福)에는 운수가 있으니, 기운이 한창 성대할 적엔 원망하는 자라도 또한 어찌할 수가 없고 반드시 조금 쇠해지길 기다린 뒤에야 화를 재촉할 뿐입니다."

내가 이어 이런 일이 있었느냐고 따져 묻자, 그는 애써 숨기고 말하지 않았다. 헤어진 뒤에 들으니, 이공민과 어울린 사람 네댓 명도 아울러 몹시 수상했다. 얼마 지나지 않아 이공민이 병으로 죽었으므로, 다시 물어보지 못했다.

4 또 근래에 한 귀한 집 자제가 술을 좋아하고 남의 처첩에게 음란하게 굴길 좋아했다. 갑자기 어떤 객이 땅을 매매한다고 속이고는 땅을 직접 살펴보고 싶다고 하여 함께 가게 되었는데, 으슥한 길에 이르자 그 객이 귀한 집 자제의 두 눈을 도려내고 돌로 눌러 죽였다. 이어 객은 도망갔으니, 종적을 찾지 못했다.

5 또 어떤 학사(學士)가 자기 형의 관부(官府)에 묵었는데, 교방(敎坊)에 손님으로 있는 한 양갓집 부인이 용모가 아름답다는 것을 듣고 그녀를 불렀다. 부인이 맛 좋은 술을 들고 왔는데, 이윽고 밤이 되자 억지로 술을 권하여 학사가 술에 취해 쓰러졌다. 그러자 부인은 곧 학사의 배를 칼로 찔러 위장을 끄집어내고, 마침내 관아로 곧장 갔다. 아직 촛불이 다 타지도 않았는데, 부인은 손으로 관리의 뺨을 때리며 말했다.

"네가 네 동생을 오만방자하게 굴도록 하여, 예전에 네 동생이 길에서 우리 남편을 만났을 때 억지로 말에서 내리게 해서 우리 남편이 말에서 떨어져 죽었다. 내가 지금에서야 보복한 것이다. 하지만 나는 사족(士族) 출신 여자로 이렇게까지 법도에 어긋나는 짓을 했으니 의리상 죽어야 마땅한데, 내가 죽을 때 네 동생을 찌른 칼을 쓸 수는 없다."

그리고 부인은 몸에 차고 있던 칼 하나를 뽑아 스스로 목을 찔러 죽었다. 관리가 동생이 있는 곳에 급히 달려갔으나, 동생은 이미 배가 찢겨 있었다. 부인이 어느 지역 사람인지는 알아내지 못했다.

아! 내가 평생 거의 나다니지 않아 보고 들은 것이 적은데도 오히려 이러한 몇 사람 이야기를 들었으니, 과거와 미래에 수천 리 되는 아득한 땅에 이러한 무리가 얼마나 많을지 알지 못하겠다. 다만 그들이 한 일이 너무도 자취가 사라져 동시대 사람들이 알 수 없게 되었다. 고금의 전적에 수록된 일 중 오직 『난리잡기(亂離雜記)』에 실린 도경유(都慶兪)의 일과 이홍덕(李弘德)이 지은 「강상열효녀전(江上烈孝女傳)」이 근거로 삼을 수 있을 뿐이다.

『난리잡기』에 다음과 같은 내용이 있다.

정축년(1637, 인조16)에 경상좌병사(慶尙左兵使) 허완(許完)[47]과 경상우병사(慶尙右兵使) 민영(閔栐)[48]이 병사 4만을 합하여 충성을 다했는데, 광주(廣州) 쌍령(雙嶺)에 이르러 적군 300여 기병(騎兵)에게 격파당해 죽었다. 처음에 경상 감사 심연(沈演)이 전 서윤(庶尹) 도경유(都慶兪)를 종사관으로 삼아서, 군대 안의 일을 일임했다. 도경유가 경상우병사의 군관 박충겸(朴忠謙)을 참수하여 위엄을 보이고 매우 급하게 진군하기를 독촉하여, 먼 고을의 군대가 태반은 오지 않고 군량도 후방에 있는데 어쩔 수 없이 진군했다. 군사들이 모두 다 옷과 짐을 버리고 입고

---

47) 허완(許完, 1569~1637)은 조선 중기의 무신이다. 본관은 양천(陽川), 자는 자고(子固), 시호는 충장(忠莊)이다. 병자호란 때 1만여 군사를 이끌고 광주 쌍령에서 적과 대전하다 패해 자결했다.

48) 민영(閔栐, 1587~1637)은 조선 중기의 무신이다. 본관은 여흥(驪興), 자는 정보(正甫), 시호는 충장(忠壯)이다. 병자호란 때 척화를 주장했으며, 남한산성으로 올라오던 중 쌍령전투에서 전사하였다.

있는 홑옷을 짧게 자른 뒤 이틀 갈 거리를 하루에 가서, 추위에 떨거나 굶주리지 않는 자가 없었으니, 병사의 사기가 이미 무너졌다. 사람들이 쌍령의 패배는 모두 도경유 때문이라고 말했다. 적이 물러난 뒤에 도경유가 서울에서 남쪽으로 돌아오는 길에 총탄에 맞아 죽었다. 그러자 도경유의 집인에서 박충겸의 두 아들이 복수한 것이라 여겨 관에 고했는데, 박충겸의 아들들은 체포되어 옥에 갇힌 지 2년이 지나자 마침내 의옥(疑獄)으로 풀려났다.

「강상열효녀전」에 다음과 같은 내용이 있다.

판서 정재희(鄭載禧)의 집은 동작강(銅雀江) 남쪽에 있었다. 어느 날 저녁 한 소녀가 구걸했는데, 나이가 12, 3세쯤 되고 용모가 매우 아름다웠으며, 따라온 여종도 아름다웠다. 정재희가 소녀가 사는 곳과 성명을 묻자, 소녀는 대답하지 않고 다만 이렇게 말했다.

"제 아버지가 상인을 따라 호남에 도망간 노비를 찾으러 갔는데, 상인이 아버지가 가진 짐을 이익으로 여겨 아버지를 죽이고 말았습니다. 저는 마침내 구걸을 하다가 여기에 이르렀습니다."

이들을 비어 있는 곁방에 머물게 했는데, 벽을 사이에 두고 한 노파가 몰래 말을 엿들었다. 밤이 깊어지자, 여종이 밖에서 와서 이렇게 말했다.

"자취를 찾았습니다. 세 번째 주막에 두 번째 자리에 누워있는 사람으로, 머리는 북쪽을 향하고 있습니다."

소녀가 울자, 여종이 말했다.

"아가씨는 울기만 하실 겁니까? 추적한 지 1년이 넘었는데, 지금 기회를 잃어버리실 건가요?"

마침내 함께 짐을 꾸리니, 문이 덜커덕 열렸다. 노파는 겁이 나서 감히 뒤를 밟지 못했다. 이윽고 아침이 되자, 주막에 도둑이 들어와 상인을 죽였는데 가슴을 네 군데 찌르고 길에서 머리를 찢었다는 말이 들렸다. 정재희는 비로소 그 소녀와 여종임을 깨닫고 그들을 위해 눈물을 흘렸다. 노비를 보내 그들을 찾아보게 했으나 끝내 찾지 못했다. 이는 효와 충을 다한 열행(烈行)일 뿐만이 아니라, 일을 참고 견디는 도량과 기회를 틈타는 용맹과 흔적을 남기지 않는 지혜는 장정(壯丁)도 미칠 수 있는 것이 아니다. 강가에서 자취를 드러냈기에, 강상열효녀(江上烈孝女)라 하였다.

형가(荊軻)와 섭정(攝政)이 비록 천고에 두드러진 자이기는 하지만, 주자(朱子)는 오히려 그들을 도적으로 여겼다. 숨어있는 이 몇 사람들을 논한다면, 형가와 섭정도 또한 장차 이들을 도적으로 여길 것이다. 그러므로 도협서(盜俠敍)를 짓는다.

유희는 이 글에서 '도협(盜俠)'의 필요성을 강조하고,

'도협'들의 행적을 기록했다. '도협'은 문자 그대로 '도(盜)'와 '협(俠)'의 합성어로, 도적이면서 유협(游俠)인 자를 가리키는 말이다. 도협은 본래 『유양잡조(酉陽雜俎)』에 수록된 말인데, 『유양잡조』에서 도협은 신이한 능력이나 호방한 기세를 지닌 기인을 의미했다. 이와 달리 유희는 도적 중에서도 '협(俠)'의 정신을 구현하여 사람들의 억울함을 풀어주는 의로운 자들을 '도협'이라 하였다. 그리고 치도(治道)가 이미 쇠했으나 아직 난세(亂世)가 되지 않은 과도기적 시기에는 도협이 없을 수 없다고 여겼다. 유희는 도협의 가치를 적극적으로 인정했다.

이 글에는 총 7가지의 도협 일화가 등장한다. ①~⑤는 유희가 직접 보고 들은 이야기이고, 도경유(都慶兪)의 일과 강상열효녀(江上烈孝女)의 일은 기존 문헌에 있는 내용을 채록한 것이다. 강상열효녀의 일은 이홍덕(李弘德)의 「강상효녀열녀전(江上孝女烈女傳)」 이래로, 성해응(成海應)의 「강상효녀전(江上孝女傳)」, 심낙수(沈樂洙)의 「서이여아복수사(書二女兒復讎事)」, 유만주(兪晩柱)의 「기이검희사(記二劍姬事)」, 이광정(李光庭)의 「강상효녀가(江上孝女歌)」, 임매(任邁)의 「여협(女俠)」 등 다양한 작품의 소재가 된 유명한 사건이다.

이 글에 등장하는 도협들은 공통적으로 당대 사회에서 소외된 인물들이다. 예컨대, 임점방(林占房)은 신분도 고향도 알 수 없는 떠돌이 바보이며, 그 밖의 일화에 나오는 인물들 역시 이름 없는 한 명의 백성에 불과하다. 이 글에 나오는 도협들은 뛰어난 무술이나 특별한 능력을 지니지 않은, 평범한 피지배층의 인물들이다. 하지만 이 도협들은 정의를 실현하고 무도한 자를 응징한다. 이 글에서 응징당하는 이들은 대부분 권력이나 부귀를 쥔 사람들이다.

그런데 이 글에 나오는 도협들의 행동은 석연치 않은 점이 있다. 도협들의 도둑질과 살인이 비록 원통함을 풀고 정의를 세우려는 의도에서 나온 것이기는 하지만, 그 행위의 강도가 너무도 잔혹하다. 하지만 유희는 이러한 도협의 살인 행위를 조금도 부정적으로 보고 있지 않다. "민간에서 의협(義俠)이라고 하는 자도 말로 약자를 도와주거나 재물로 곤궁한 사람을 구제하는 데 불과하다.", "어찌 넓은 우리 동방에서만 유독 과격한 인물이 한 명도 나오지 않아 천 년 동안 잠시라도 출현하지 않은 것인가."라고 하는 등, 유희는 오히려 악인에 대해 무력으로 응징하는 것을 적극적으로 권장한다. 유희는 당대 부정부패에 대한 백성들의 원한이, 무력에 의한 응징이 아니고서는 풀릴 수 없을 정도로 깊다고 생각한 것 같다. 유희는 사회적 약자들이 도덕적·법적 기준에 어긋나는 행동을 함으로써 도리어 정의를 실현할 정도로 당대 사회가 타락했음을 이야기하고자 했다.

제5부

사물의 통찰

담배를 피우는 이유

淡巴草賦

연객(烟客)을 힐난하는 자가 말했다.

“그대의 흡연은 이미 너무 심하네. 한 그릇 밥을 덜어 담배 피우는 도구를 마련하며, 글공부를 폐하고 담배를 자르고 태우는 일에 매달려서, 잠깐도 담배를 잊지 못하고 오랫동안 그만두지 못하니, 마음을 쏟는 데 없이 담배에 자신을 놓아버린 자 같다네. 할 말이 있다면 그만이거니와, 할 말이 없다면 내 말을 따르게나.”

연객이 머리를 들고 하늘을 바라보며 세 번 탄식하고 말했다.

“그대가 담배를 배격하는 것이 이와 같구나! 그대 같은 이는 맛있는 음식을 물릴 정도로 실컷 먹고 잔치가 몸을 편안케 하니, 혹여 사람들을 따라 담배를 태우더라도 그

맛을 알지 못하는 것이 또한 당연하지. 하지만 나 같은 자의 애호는 어찌 그만둘 수 있겠는가? 동협(東峽)49)에서 밭을 갈아 경작한 노력에 걸맞은 수확을 하지 못해, 한 해가 저물면 쌀독이 텅 빈다네. 늙은 부모님은 근심하지만 안색에 드러내지 못하시고, 어린아이는 괴로워하여 울음소리가 끊이지 않으며, 집인사람들은 천한 종 같다고 욕하고 마을 사람들은 비루한 촌뜨기라 지목하지. 나이가 이미 들었으니 어찌할 계책이 없고, 운명이 이미 곤궁하니 계책을 쓰더라도 이루지 못할 것이네. 이것은 참으로 감당할 수 없지만 그래도 심한 것은 아니라네. 넓고 넓은 천지간에 이 한 몸 갈 곳이 없어, 오랑캐 지역에서 떠돌며 환란의 곤액 속에 머물고 있는데, 사방을 둘러봐도 아는 얼굴 하나 없고 홀로 있는데 술 취해 욕하는 객만 있네. 더구나 다시 어두운 밤이 되면 비바람이 함께 내리고, 외로운 등불만이 나를 지키고서 꺼지지 않으며, 전갈들이 사람을 업신여겨 와서 쏘아대니, 옷자락을 쥐고 일어나 앉아 무엇인들 생각하지 않았겠나? 늙어버린 처지를 자위(自慰)하고, 명예와 절조가 보잘것없음을 생각하며, 타고난 재능이 쓸모없음을 애석해하고, 인사(人事)가 많이 어그러진 것을 슬퍼했다네.

이미 장부의 몸이거늘, 어찌 어린아이보다도 더 근심한

49) 동협(東峽)은 경기도 동쪽 지방과 강원도 지방을 아울러 이르는 말로, 유희가 경기도 용인에서 태어나 지냈기 때문에 '동협'이라 한 것이다.

단 말인가. 천년을 잠깐 사이보다 짧게 느끼고 천지사방을 미간보다 작게 여겨, 거의 미칠 것 같았으나 미치지도 못하고 참으로 병이 깊으나 치료하기 어려웠네. 이때 오른손이 닿는 대로 가까운 데를 더듬어 대롱 하나를 얻어, 쓰디쓴 독약을 쥐고서 타들어 가는 불꽃을 당겨, 얼굴에 푸른 연기를 쐬고 폐간(肺肝)에 연기 맛을 들여서, 그 사물의 움직임을 빌려 내 삶의 외로움에 짝했다네. 이에 가슴 속 화가 점점 가라앉고 입에는 침이 점점 돌며 근심이 점점 사라지고 잠에 점차 들었으니, 그대가 또한 일찍이 이런 것을 알았는가?"

힐난한 자가 말했다.

"오늘에서야 비로소 이 풀에 특별한 공로가 있음을 들었도다."

연객이 웃으면서 말하였다.

"그렇지 않다네. 하나의 이치가 굴신(屈伸)하여 어느 때는 재앙이 내렸다가 어느 때는 상서가 내리니, 꽉 찬 거울 같던 보름달이 가느다란 갈고리처럼 기울기도 하고, 가을에 떨어졌던 것이 봄에 왕성해지기도 한다네. 군자(君子)의 도(道)는 자신의 현 지위를 따르는 데 있으니[50], 환난을 안락하게 여겨 자신의 뜻을 바꾸지 않으면 몸이 살찌고

---

50) 『중용장구(中庸章句)』 제14장에 "군자(君子)는 현재 자신의 지위에 따라 마땅히 해야 할 것을 행하고, 그 밖의 것을 원하지 않는다.[子素其位而行, 不願乎其外.]"라고 하였다.

마음도 너그러워져 하늘이 나를 시험할 수 없다네. 나는 본래 소인이라 너무 쉽게 노여워하거나 기뻐하고, 외물에 강하게 끌려 갑자기 격분했다가 갑자기 위로되기도 한다네. 만일 마음에 정해진 바가 있다면, 어찌 하나의 풀에 스스로 얽매이겠는가. 예로부터 혹 흡연하여 오히려 호연지기(浩然之氣)를 잘 기를 수 있었다는 말은 들어보지 못했네."

마침내 이때부터 담배를 끊고, 영원히 다시는 담배를 피우지 않았다.

이 글은 유희가 30세 되던 해 정월에 담배를 끊으면서 지은 부(賦)이다. 유희는 이 작품에서 연객(烟客)과 그를 힐난하는 자의 대화를 가설했다. 이 글 속의 연객과 힐난하는 자는 모두 유희 자신을 대변한다고 볼 수 있다. 유희는 담배를 매개로 자신의 삶을 돌아보면서, 담배를 피울 수밖에 없었던 이유와 담배를 끊기로 결심한 까닭을 이야기했다.

연객은 현실의 극심한 고독과 괴로움에 시달리다가 담배를 피우게 되었다. 이때 담배는 연객에게 유일한 위로가 되어주었다. 연객은 자신이 담배를 입에 물었을 때 느낀 안정감과 희열을 생생히 묘사했다. 연객의 안타까운 사정을 들은 상대방은 결국 "담배에 특별한 공로가 있다"고 하면서, 연객이 담배를 피우는 것을 수긍한다.

그러자 도리어 연객은 담배가 현실의 괴로움에 대한 궁극적인 해결책이 될 수 없다고 말한다. 연객은 『중용』의 구절을 인용하면서, 고난을 극복하는 진정한 방법은 자신의 내면을 수양하는 것이라 말하고 있다. 내면이 곧고 단단한 자는 외부의 고난에 흔들리지 않는다는 것이다. 결국 유희는 이 글 마지막에서 올바른 유자(儒者)의 삶을 살겠다는 의지를 표명했다.

30세가 되었을 무렵, 유희는 세상 모두로부터 고립된 채 괴롭게 살아가며 담배에 의지하고 있었다. 힐난하는 자와 연객의 첫 번째 문답은, 그러한 삶에 대한 일종의 자기변명이자 자기 위로이다. 그런데 유희는 자기 위로에 그치지 않고, 두 번째 문답을 통해 고난에 대한 극복 의지를 보였다. 이 글에는 괴로운 삶에 대해 공감을 받고 싶은 마음과 고통에 매몰되지 않고 고고한 유자의 삶을 살고자 하는 의지가 복합적으로 드러나 있다.

버섯의 성질

菌說

저 버섯은 어떤 기(氣)를 지녔는가? 하늘에는 장맛비가 내리는 때가 있고 땅에는 움푹하고 축축한 곳이 있으며 나무에는 부패하는 병이 있다. 이 세 가지는 진실로 만물이 모두 불행으로 여기는 것인데, 버섯은 홀로 이를 생기(生氣)로 여기니, 참으로 이른바 순음(純陰)이다. 『주역(周易)』에서 강(剛)을 군자(君子)라 하고 유(柔)를 소인(小人)이라 하였다. 그런데 어떤 이는 군자는 너그럽고 자애로우며 소인은 사납고 표독스러우니 강(剛)과 유(柔)에 대한 정의가 그 실질과 같지 않다고 의심한다.

방편자(方便子)는 다음과 같이 말한다. 그대는 버섯을 보지 못했는가? 축축한 기운으로 인하여 자라나고 햇빛을 받으면 사라지니 천하 만물 중에 버섯보다 유(柔)한 것이 없지만, 버섯의 독은 종종 사람을 죽일 수 있다. 또 소나무를 보지 못했는가? 그 줄기를 벨 수는 있지만 연약하게 할 수는 없고, 그 가지를 꺾을 수는 있으나 휘게 할 수는 없다. 봄·여름·가을·겨울에 각각 성쇠(盛衰)의 기운을 서로 다투나 끝내 이 나무를 달라지게 할 수 없으니, 그 굳셈을 알 수 있다. 그 나무껍질, 잎, 꽃, 열매로부터 뿌리 밑의 혹과 나뭇가지의 진액에 이르기까지, 모두 복용하여 골수 사이에 두루 미치게 할 수 있다.

그러므로 강직함이라는 것은 너그럽고 부드러운 것의 위의(威儀)요, 유연함이라는 것은 사납고 표독스러운 것의 정상(情狀)이다. 스스로를 지키는 데 용감하면 반드시 남을 대함에 인자하고, 이익을 보는 것을 달게 여기면 반드시 옛 원한을 갚는 데 독하게 구니, 이것이 내건외순(內健外順)과 내유외강(內柔外剛)의 차이이다.

경신년(1800, 정조24) 입추에 장맛비가 내릴 때, 버섯을 보고 설을 쓰다.

이 글은 버섯을 보고 '강(剛)'과 '유(柔)'의 의미에 대해 고찰한 글이다. 유희는 버섯의 생태를 통해, '강'과 '유'는 외면과 내면으로 나누어 볼 수 있다고 하였다.

버섯은 천하에서 가장 '유'한 사물이라 할 수 있지만,

사람을 죽일 수 있을 정도의 독을 품고 있다. 반면 소나무의 겉모습은 굳세기 그지없지만, 소나무의 껍질·꽃·진액 등은 사람에게 온화하게 스며든다. 유희는 이처럼 사물의 '강'과 '유'는 다양한 측면에서 정의할 수 있다고 보았다. 겉은 강하지만 그 속은 유한 사물도 있으며, 겉은 유하지만 속은 강한 사물도 있다.

사물 뿐만 아니라 사람도 그러하다. 외강내유(外剛內柔)한 사람도 있고, 외유내강(外柔內剛)한 사람도 있다. 이 글은 만물의 속성을 어느 하나로 재단하기보다는 다층적인 면을 살펴볼 필요가 있다는 교훈을 준다.

가을 매미에게서 느낀 서글픔

哀霜蟬賦

매미[蟬]의 종류는 한 가지가 아니다. 일찍 나오는 것은 당조(螗蜩)·언(蝘)이고, 매우 큰 것은 면(蝒)·책(蚱)이고, 가장 작은 것은 진(蠀)·찰(蚻)이고, 늦게 나오는 것은 제로(蝭蟧)·정목(蜓蚞)·혜록(螇螰)·예(蜺)이다. 또 장(螿)·혜고(蟪蛄)라는 것이 있어 『회남자(淮南子)』에서 "한 해가 저무는 때 기댈 곳 없는데, 혜고는 슬피 우네.[歲暮兮不自聊, 蟪蛄鳴兮啾啾.]"라고 하였으니, 나는 일찍이 한 해가 저무는 시기에 어찌 매미가 있겠느냐고 의심했었다. 병인년(1806, 순조6년) 9월에, 서리가 이미 내렸는데도 매미가 버드나무 사이에서 울었는데, 그 소리가 작고 가늘어 이전의 격렬함만 못했지만 깊게 뽑아내고 길게 늘어져 응어리진 한은 이전보다 지나쳤으니, 이른바 추운 날의 장·

혜고가 초가을의 예·제와는 현격히 다르다는 것을 비로소 알았다. 당시(唐詩)에서 "베짱이가 우물가에서 우는 가을[絡緯秋啼金井闌]"이라고 했는데, 예·제의 부류가 베짱이[絡緯] 소리와 흡사하다. 혹자가 "베짱이는 혜고이다"라고 한 것은 또 잘못된 것이다. 나는 이 곤충도 모두 매미의 일종인데 홀로 좋지 못한 때를 만난 것을 슬퍼하여, 이로 인해 '만물의 타고난 성질이 어찌도 이리 매우 다른가'하는 점에 감회가 일었다. 이에 마침내 부(賦) 한 편을 짓고 「애상선(哀霜蟬)」이라 이름 붙였다.

시험 삼아 살펴보건대	試且觀夫
하늘의 직분은 그치지 않는 것이요	天職不息
땅의 직분은 움직이지 않는 것이네	地職不動
해와 달은 밝게 빛나고	日月熒晶
구름과 비는 뭉게뭉게 피어나 쏟아져 내리지	雲雨滃澒
백로는 희고 까마귀는 검으며	鷺白鴉黑
오리는 다리가 짧고 학은 다리가 길다네	鳧短鶴長
노래기는 다리가 100개이고 기(夔)[51]는 다리가 하나이며	蚿百足而夔一
메뚜기는 다리를 비벼 울고 쓰르라미는 날개를 비벼 우네	螽股鳴而蜩旁
꽃은 매화처럼 일찍 피기도 하고 연화(楝花)처럼 늦게 피기도 하며	花早晩於梅楝
나뭇잎은 오동나무처럼 넓적하기도 하고 버들처럼 뾰족하기도 하네	葉闊狹於梧楊
보리는 위로 향하고 기장은 아래로 향하며	麥仰黍俯

가(榎)는 형체가 둥글고 초(楚)는 형체가 네모지네[52]	榎圓楚方
높은 산, 흐르는 물과	及峙融之山川
차가운 얼음, 뜨거운 숯에 이르러서는	暨冷熱之冰炭
형태가 백 가지로 달라지고	伊分形之百種
부여받은 기운이 만 가지로 달라지지	係受氣之萬段
또 갓 태어난 범은 다른 짐승 무는 것을 좋아하고	又若乳虎以噬物以快
추우(騶虞)[53]는 생명을 상하게 하는 것에 놀라지	騶虞以傷生爲驚
개미는 모여들어 누린내를 좋아하고[54]	蟻集慕羶
소는 입을 다물고 비린내를 싫어한다네	牛噤惡腥
원숭이는 높은 데 오르기를 그치지 않고	猨猱陞高不休
게는 깊은 데 뚫기를 그치지 않지	蟹蛸鑽深不止
원추(鵷鶵)는 단 샘물을 마시려 굶주림을 참고[55]	鵷雛忍飢於醴泉
말똥구리는 더러운 똥을 배불리 먹고 싶어하네	蜣蜋貪飽於穢矢
귀뚜라미는 슬피 울며 마음을 달래고	蟋蟀悲唫而自遣
눈에놀이는 어지러이 날아다니며 서로 자랑한다네	蠛蠓紛蜚而相矜
사람은 골짜기에 은거함을 고상하다 여기기도 하고	人則或丘壑以爲高
고관에 오르는 것을 능사로 여기기도 하지	或鐘鼎以爲能
명예를 구하는 자는 목숨을 가벼이 여기고	徇名者輕生
재물을 탐하는 자는 재간을 힘들게 부리네	貪財者勞幹
아전은 좀스럽고 협객은 거칠며	吏細而俠粗
농부는 곡식을 쌓고 상인은 물건을 흩지	農積而賈散
사치와 검소함은 각기 본성에 맞게 하고	奢儉各適其性

광자(狂者)와 긍자(矜者)는 각기 자신이 들은 바를 지키네[56]	狂矜各守所聞
이에 이른바 삼천세계가	斯所謂三千世界者
스스로 기뻐하지 않음이 없네	罔不自有其欣欣也
벼랑 위의 양과 바닷속 물고기의 경우엔	至如崖羊海魚
험난함과 평탄함의 차이가 있고	險與坦矣
겨울 소나무와 가을 풀은	冬松秋草
장수와 단명의 차이가 있지	脩與短矣
낮은 박쥐가 여기는 것과 다르고[57]	日不蝙蝠
하늘은 혜계옹(醯鷄翁)[58]처럼 작지 않으며	天不醯鷄
포로(蒲蘆)는 명령(螟蛉)을 자식으로 삼고[59]	蒲蘆以螟蛉爲子
부종(阜螽)은 지렁이를 처로 삼네[60]	阜螽以蚯蚓爲妻
조화옹이 사물에 대해	造化於物
어떤 것은 깊이 잠기게 하고 어떤 것은 높이 오르게 하니	何淵何騰
만물이 이에 족속을 달리하여	物乃殊族
혹이 나기도 하고 털이 나기도 했네	或瘡或髮
더구나 하나의 강에 이는 물결도 균일하지 않으며	況復一水之波不均
한 그루 나무에서 나온 가지도 고르지 않으니	樹之枝不齊
파도에 휩쓸리는 모래는 들쑥날쑥하고	浪沙參差
바람에 날리는 꽃은 높았다 낮았다 하네	風花高低
천리마가 때로는 소금 수레를 끌고[61]	驥有時而鹽車
기린이 때로는 들판에 있기도 하네	獜有時而大野
장식하고 남은 나무토막이 구렁 속에 버려지기도 하고[62]	斷或棄於溝中

타다 남은 찌꺼기가 부엌 아래서 소리를 내기도 하지　　焦或鳴於竈下
저 울어대는 매미에 비유컨대　　譬諸彼叫之蟬
어째서 홀로 서리 내리는 때에 뒤늦게 태어났는가　　奚獨後生於霜露
너는 참으로 천지에 한이 없건만　　汝固無憾於天地
나는 진실로 무슨 까닭인지를 모르겠네　　而余誠不知其何故也

---

51) 기(夔)는 다리가 하나이고, 사람 얼굴에 원숭이 몸을 하고 있으며, 말을 할 수 있다는 전설상의 동물이다.

52) 가(榎)는 둥근 모양의 회초리, 초(楚)는 네모난 모양의 회초리이다. 『예기』「학기(學記)」의 "하와 초 두 가지 회초리를 사용하여 위의를 수렴하게 한다.[夏楚二物, 收其威也.]"라고 하였는데, 진호(陳澔)의 『집설(集說)』에 "하(夏)는 가(榎)이고, 초(楚)는 형(荊)이다. 가는 형태가 둥글고 초는 형태가 네모나다. 이 두 물건으로 매를 쳐서, 태만한 자를 경계하여 위의를 수렴하게 한다.[夏, 榎也; 楚, 荊也. 榎形圓, 楚形方. 以二物為扑, 以警其怠忽者, 使之收斂威儀也.]"라고 하였다.

53) 추우(騶虞)는 전설 속의 의로운 짐승이다. 흰 호랑이 모양에 검은 무늬가 있으며 살아 있는 풀은 밟지 않고 살아 있는 생물은 먹지 않는다고 한다. 기린과 함께 인수(仁獸)로 일컬어진다.

54) 『장자(莊子)』「서무귀(徐无鬼)」에 "양고기는 개미를 그리워하지 않으나, 개미는 양고기를 그리워하니, 양고기는 누린내를 풍기기 때문이다.[羊肉不慕蟻, 蟻慕羊肉. 羊肉羶也.]"라고 하였다.

55) 원추(鵷鶵)는 전설 속 봉황과 비슷하게 생긴 새이다. 『장자(莊子)』「추수(秋水)」에 "이 원추는 멀리 남쪽 바다에서 날아올라 북쪽 바다로 날아가는데, 오동나무가 아니면 머물지 않고, 연실(練實)이 아니면 먹지 않고, 예천(醴泉)이 아니면 마시지 않는다네.[夫鵷鶵, 發於南海而飛於北海, 非梧桐不止, 非練實不食, 非醴泉不飮.]"라고 하였다.

56) 광자(狂者)는 뜻이 크나 행실이 따르지 못하는 사람이고, 긍자(矜者)

는 지키는 것이 지나치게 엄격한 자이다. 『논어(論語)』「양화(陽貨)」에 "옛날의 광자는 작은 예절에 구애받지 않았는데 지금의 광자는 방탕하기만 하고, 옛날의 긍자는 모가 나서 엄격하였는데 지금의 긍자는 사납다.[古之狂也肆, 今之狂也蕩; 古之矜也廉, 今之矜也忿戾.]"라고 하였다.

57) 박쥐[蝙蝠]는 야행성 동물이기 때문에 해가 뜨는 때를 저녁으로 여기고 해가 지는 때를 아침으로 여긴다. 송나라 『함순임안지(咸淳臨安志)』 권91에 "제비는 해가 뜨는 때를 아침, 해가 지는 때를 저녁으로 아는데 박쥐는 해가 지는 때를 아침, 해가 뜨는 때를 저녁으로 아니 둘이 서로 다투다가 결정을 짓지 못하여, 봉황에게 물어보았다..[燕以日出爲旦日入爲夕, 蝙蝠以日入爲旦日出爲夕, 爭之不決, 訴於鳳凰.]"라는 이야기가 실려 있다.

58) 혜계옹(醯鷄瓮)은 초파리가 사는 술 항아리로, 초파리는 술 항아리 안을 천지로 여긴다. 『장자(莊子)』「전자방(田子方)」에, 공자(孔子)가 노담(老聃)을 만나 보고 나와서 안회(顏回)에게 "내가 도에 대해서 아는 수준은 아마도 술 항아리 속의 초파리와 같다고 할 것이다. 선생이 나의 항아리 뚜껑을 열어 주지 않았더라면 나는 천지자연의 위대함을 알지 못했을 것이다.[丘之於道也, 其猶醯雞與! 微夫子之發吾覆也, 吾不知天地之大全也.]"라고 하였다.

59) 포로(蒲盧)는 과라(蜾蠃)로, 벌의 한 종류이다. 명령(螟蛉)은 나방류의 유충(幼蟲)이다. 과라는 항상 자기 새끼가 아닌 명령을 데려다가 제 자식처럼 잘 키운다고 한다. 『시경(詩經)』「소아(小雅)·소완(小宛)」에 "언덕 가운데의 콩을 서민들이 거두어 가는 것처럼, 명령의 새끼를 과라가 업어 데리고 가서 키우니, 네 자식도 잘 가르쳐서 선을 닮게 하거라.[中原有菽, 庶民采之, 螟蛉有子, 蜾蠃負之, 教誨爾子, 式穀似之.]"라고 하였다.

60) 『비아(埤雅)』에 "지렁이는 지룡(地龍)으로 무심한 곤충이니, 부종(阜螽)과 교배한다.[蚯蚓, 土精, 無心之蟲, 與阜螽交.]"라고 하였다.

61) 『전국책(戰國策)』「초책(楚策)」에 "대저 늙은 준마가 소금 수레를 끌고 태항산을 올라가니 발굽은 무력하고 무릎은 꺾이며, 꼬리는 처지

유희는 서리가 내린 뒤에야 우는 '가을 매미[霜蟬]'를 보고 서글픈 감정이 일어 이 글을 지었다. 유희는 왜 가을 매미에게서 슬픔을 느꼈는가. 그 이유는 가을 매미가 자신이 기존에 알고 있던 다른 매미들과 사뭇 달랐기 때문이다. 유희는 당조(螗蜩), 언(蝘), 면(蝒), 책(蚱), 진(蠄), 찰(蚻) 등 다양한 매미들을 알고 있었다. 이 매미들은 모두 서리가 내리기 전에 활동한다. 그런데 이들과 달리 가을 매미는 유독 서리가 내려 날이 추워진 뒤에 세상에 나온다. 유희는 이처럼 같은 매미임에도 불구하고 처한 상황이 서로 다르다는 것에서 슬픔을 느꼈다. 가을 매미가 다른 매미들과 달리 홀로 힘겨운 계절을 견

고 살갗은 문드러지며, 몸의 진액은 땅에 뿌려지고, 흰 땀은 줄줄 흐르는 가운데, 산비탈 중턱에서 머뭇거리며, 끌채를 등에 진 채 올라가지 못하고 있었다. 백락이 그 준마를 만나자 대번 수레에서 내려 부여잡고 통곡을 하며, 모시옷을 벗어서 준마를 덮어주었다.[夫驥之齒至矣, 服鹽車而上太行, 蹄申膝折, 尾湛胕潰, 漉汁灑地, 白汗交流, 中阪遷延, 負轅不能上. 伯樂遭之, 下車攀而哭之, 解紵衣而冪之.]"라고 하였다.

62) 『장자(莊子)』「천지편(天地篇)」에 "백 년 된 나무를 깎아 제기를 만들면서 갖가지 색칠을 하여 꾸미고 나머지 토막들은 쓰레기통에 버리는데, 제기와 나머지 토막들 사이에 미추(美醜)의 차별은 있을지 몰라도 본성을 잃은 점에 있어서는 마찬가지이다.[百年之木, 破爲犧尊, 靑黃而文之, 其斷在溝中, 比犧尊於溝中之斷, 則美惡有間矣, 其於失性一也.]"라고 하였다.

뎌야 한다는 점이 유희를 서글프게 만든 것이다.

그런데 유희는 단지 가을 매미를 안타깝게 여기는 데 그치지 않았다. 유희는 사물이 타고난 본성은 각각 다르기 마련이라는 점을 강조하여, 가을 매미가 홀로 겪는 괴로움을 위로했다. 이 글에는 각기 다른 본성을 지닌 다양한 사물이 등장한다. 사람의 경우에도, 어떤 이는 은거하는 삶을 숭상하는가 하면, 어떤 이는 높은 관직에 오르는 것을 추구한다. 이처럼 세상 만물은 저마다 타고난 성질이 다르다. 따라서 다른 대상과 자신을 비교하면서 슬픔에 매몰될 필요는 없다. 저마다 타고난 운명, 타고난 성질대로 살아가면 될 뿐이다.

가을 매미가 다른 매미와 달리 홀로 추운 겨울을 맞닥뜨린 것은, 인간 세상에서 다른 이들과 달리 유독 곤궁함에 빠져 있는 유희의 처지와 비슷하다. 따라서 가을 매미에 대한 애상과 위로 속에는, 자신의 삶에 대한 슬픔과 위로가 내포되어 있다고 볼 수 있다. 유희는 가을 매미를 통해, 세상 만물의 타고난 속성이 다르다는 것을 깨닫고 불우한 처지에 대한 슬픔을 위로했다.

홍두의 내력

紅豆贊

홍두(紅豆)는 나무 열매 이름이니, 『본초강목(本草綱目)』에 나오는 '고량강(高良薑)의 씨인 홍두구(紅荳蔲)'가 아니다. 본명은 '상사자(相思子)'이다. 약가(藥家)에서 나미탄(糯米炭)과 함께 취해 용뇌향(龍腦香)을 보관하면, 용뇌향이 마모되지 않으니, 쓰임이 여기에 그칠 뿐이다. 당(唐)나라 왕유(王維)의 시에 그 자취를 드러내 말하기를, "홍두가 남국에서 나는데, 옛 가지 어느 해에 나오려나. 바라건대 그대여 많이 따주오, 이 나무가 가장 그립다네.[紅豆生南國, 何年發故枝? 願君勤採擷, 此樹冣相思.]"라고 하였으니, 이는 천보(天寶, 742~756) 연간 시절에 임금을 그리워함을 가탁하여 말한 것이다. 명(明)나라가 망한 뒤에 전겸익(錢謙益)이 시집 이름을 홍두라 하였으니, 이는 임금을 그리워한다는 의미에서 '망국(亡國)에 대한 감개'라는 의미로 전화(轉化)된 것이다.

설자(說者)들이 '고상사(古相思)'라고 한 것은 떨어진 눈물에서 자라기 때문에 다른 지역으로 옮겨 심으면 살지 못하고, 그 씨앗을 심어도 자라지 않아서이다. 강남에서 생산되는 것은 모두 둥글고 작아 미치 웅흑두(雄黑豆)와 같은데, 다만 짙은 붉은색이고 꼭지 근처에 감색의 반달 모양이 있으므로, 아미두(蛾眉豆)라고 이름하기도 한다. 전겸익의 처 하동군(河東君)의 묘 앞에 나무 한 그루가 홀로 열매를 맺었는데 납작하고 크기가 바둑알 만하며, 씨방에 감색의 반달 모양이 없으니, 이를 대홍두(大紅豆)라고 한다. 중국 사람들이 은으로 장식하여 보패(寶佩)로 만든다.

가경(嘉慶1796~1820) 연간에 학사 옹방강(翁方綱)이 서화와 상고(尙古)로 문호를 열었으니, 그의 학문은 소장공(蘇長公 소식(蘇軾))을 존숭하였고, 옛 기물을 많이 모으는 데 힘썼으며, 자호(自號)를 홍두자(紅豆子)라 하였다. 중국의 도성 안팎과 여러 나라의 사람들이 앞다투어 그와 교분을 맺었는데, 교유함에 반드시 홍두를 주어 그리워하는 마음을 표했으니, 마침내 한 때의 풍속이 되었다. 미생(彌甥) 이노수(李鷺脩 이조묵(李祖默))[63]가 박아(博

63) 미생(彌甥)은 먼 생질(甥姪) 또는 생질의 아들을 가리키는 말이다. 이조묵(李祖默, 1792~1840)은 유희의 고모의 손자이므로, 유희가

雅)함을 좋아하고 또 필묵(筆墨)에 뛰어나서 옹방강에게서 이것을 얻어 나에게 몇 개를 보내주었으니, 내가 이 물건을 보고 기이하게 여겼다.

무릇 나무 열매는 씨앗은 단단하고 육질은 단단하지 않으며, 곡식 낟알은 속이 단단하고 껍질은 질기지 않은데, 이 열매는 나무에서 열렸으면서 콩을 닮았다. 더구나 빛깔과 성질은 충분히 보물 부류가 될 수 있는데도 아직도 자세히 고증한 것이 없으니, 찬(贊) 한 편을 지어서 이노수에게 사례하고 아울러 우리나라 사람들로 하여금 홍두의 계보를 알게 하고자 한다. 그런데 왕유와 전겸익이 가탁한 뜻이 얕지 않았는데, 지금에 와서 우정의 선물이 되었으니, 옹방강이 큰 재료를 하찮게 쓴 것이 안타깝다.

옛날 사람은 그리워하는 사람에게	昔人懷人
반드시 희사(喜捨)하는 것이 있었으니	必有所捨
『시경(詩經)』에서는 작약을 주었고	詩贈芍藥
「이소(離騷)」에서는 두약을 주었지	騷貽杜若
저녁에 시드는 꽃을	夕萎之華
오히려 드러내 총애했거늘	尙標爲寵
하물며 이 신령한 열매는	矧玆靈實

이조묵을 '미생'이라 한 것이다. 이조묵은 당대의 유명한 장서가로 청나라 금석학에도 밝았으며, 특히 청나라 금석학자인 옹방강(翁方綱)·옹수곤(翁樹崑) 부자를 추종하였다.

상사(相思)의 종자임에랴　相思之種
가장 처음 사용한 이 누구인가　厥初者誰
정에 죽고 정에 살았으니　情死情生
그리움의 눈물이 땅에 떨어지자　情淚滴地
나무가 되었네　樹木乃成
둥근 열매 맺히니　有團其結
곡식도 아니요 씨도 아니며　非穀非核
약속처럼 단단하고　如約斯堅
진실한 마음처럼 붉네　如裏斯赤
반달 모양에 짙은 흑색으로　一彎深黛
아름다운 눈썹을 닮았으며　以象淸揚
모양은 차고 다니기에 좋고　而狀宜佩
성질은 향기롭네　而性宜香
산호와 마노도　珊瑚瑪瑙
잘 다듬어야 둥글어지고　琢磨乃圓
묘정석(貓睛石)[64]과 슬슬(瑟瑟)[65]도　猫睛瑟瑟
우연히 테두리에 빛이 나니　石暈偶然
어찌 이 보석이　何如玆珠
그리움의 뿌리에서 자라　情根所化
다른 나라에 가져가도　賚去他邦
옮겨 심을 수 없는 것만 하겠는가　莫能移稼
왕우승[왕유(王維)]이 처음 노래했고　右丞起謠

우산[전겸익(錢謙益)]이 시집에 이름을 붙였으니　虞山名藁
망국의 터에 조문하고 감흥을 일으켜서　弔墟興感
이미 일찍부터 뜻을 가탁했다네　托用已早
덕형(德馨)을 지닌 옹방강은　有馨翁氏
서화를 수장하고　翰墨之府
재주를 아끼고 교유를 중시하여　愛才重交
사방 사람들과 한 집안사람처럼 지냈지　四極一戶
자신과 마음 같은 이 있으면　有吾同心
홍두를 주었으니　遺之紅豆
홍두를 준 것은　紅豆之遺
군자의 만남이네　君子之覯
아득히 먼 해동에　迢迢海東
반딧불이처럼 흩어져 사는데　散落如螢
비단 상자에 싸 와서　葆在巾笥
집에 광영이 이르렀네　耀及門庭
나는 강다[이조묵(李祖默)]를 따라　我從絳茶
그 속마음을 나누어 받았네　分厥中懷
만 리 먼 곳에 세 번 전하니　萬里三傳
시마다 서로 조화로워라　詩詩相階
훌륭한 분이 준 데다가　美人之貽
더구나 그 물건이 훌륭함에랴　况物其美
아름다운 분 잊지 못하는데　令人不諼

물건이 훼손되는 것을 보네　　物毁是視
홍두는 진귀한 물건이요　　紅豆珍品
강다는 높은 격조 지녔는데　　絳茶高調
널리 알려지지 못했으니　　莫聞于廣
수준 낮은 선비가 크게 웃네　　下士大笑
내가 비로소 찬을 지으니　　我昉作贊
굴원의 귤이요[66] 주돈이의 연꽃이라[67]　　屈橘周蓮
아득한 천 겁 세월에　　茫茫千劫
그 내력을 징험하네　　徵厥因緣

유희의 고모의 손자인 이조묵(李祖默)은 조선 후기의

---

64) 묘정석(貓睛石)은 묘안석(猫眼石)이라고도 한다. 보석의 일종으로 금록석(金綠石)과 비슷하며, 표면에 고양이 눈동자에 보이는 것과 같은 빛을 띠고 있다.

65) 슬슬(瑟瑟)은 푸른 빛의 보석으로, 『본초강목(本草綱目)』 권8 「보석(寶石)」에 "푸른 것을 당나라 사람들은 슬슬이라 하고, 붉은 것을 송나라 사람들은 말갈(靺鞨)이라고 하였는데, 지금은 통틀어 보석이라고 한다.[碧者, 唐人謂之瑟瑟, 紅者, 宋人謂之靺鞨, 今通呼為寶石.]"라고 하였다.

66) 전국 시대 초(楚)나라의 충신 굴원(屈原)이 「귤송(橘頌)」을 지어, 자신의 고결하고 변하지 않는 지조를 귤나무에 빗대어 읊었다.

67) 송(宋)나라 학자 주돈이(周敦頤)가 연(蓮)을 매우 사랑하여 「애련설(愛蓮說)」을 지었다.

유명한 장서가로, '보소재(寶蘇齋)'라는 서재를 갖고 있었다. 이조묵은 청대 금석학에도 관심이 많았으며, 특히 청나라 옹방강(翁方綱)·옹수곤(翁樹崑) 부자를 추종했다. 이조묵은 1815년에 옹방강으로부터 우정의 표시로 홍두(紅豆)를 받았는데, 그 중 하나를 유희에게 나누어 주었다. 유희는 이 영광스러운 일을 기념하기 위해 이 글을 지었다.

이 글에서 유희는 홍두의 내력을 자세하게 고증했다. 홍두의 생김새는 물론이고, 중국의 역대 시문에 등장하는 홍두의 의미가 어떻게 변했는지도 설명했다. 또 우국(憂國)의 뜻이 담긴 홍두를 옹방강이 단지 우정의 의미로 쓰는 것을 안타까워하기도 했다. 이 글은 홍두의 문화사적 의미와 생물학적 특징을 고증한 한 편의 논문으로 보아도 손색이 없다.

유희는 이 글에 서술한 내용을 『물명고(物名考)』에도 수록하였다. 『물명고』 「유정류(有情類)·목(木)」의 마지막 표제항이 바로 '상사자(相思子)'인데, '상사자'에 관해 설명한 대목이 이 글의 내용과 거의 유사하다. 이 글은 사물에 대한 유희의 남다른 탐구열을 보여준다.

돈이라는 약재, 문장이라는 약재

戱補本草[68]二條

1조

통보(通寶)라는 약재는 속명(俗名)이 '가형(家兄)'이다. 맛이 달고 기운은 몹시 뜨거우며, 순음(純陰)이면서 큰 독이 있다. 비경(脾經)과 위경(胃經)으로 들어가고, 또 심경(心經)으로 들어간다. 약으로 쓸 때는 허기(虛氣)를 다스리는데, 이 약을 잘 통용하면 배고픔을 낫게 하고 한기(寒氣)를 막아주며, 눈을 밝게 하고 담력을 씩씩하게 해주며,

---

68) 『본초경(本草經)』은 『신농본초경(神農本草經)』의 약칭으로, 『본경(本經)』이라고도 한다. 현존하는 중국 최고(最古)의 약학 서적이다. 『신농본초경』은 동한(東漢) 시기에 책으로 만들어 졌는데, 한 시기 한 사람의 손에서 만들어 진 것이 아니고, 진한(秦漢) 시기의 무수한 의학가(醫學家)들이 당시의 약학(藥學)을 총결하고 집성하여 정리한 산물이다. 식물약(植物藥) 252종, 동물약(動物藥) 67종, 광물약(礦物藥) 46종에 대해 각각 상·중·하 3등급으로 나누고 약효를 설명하였다.

기운을 보태주고 몸을 가볍게 해주며, 근심을 흩어주고 분노를 제거해주며, 안색을 안정시키고 구설을 다스리며, 온갖 병을 없애주고 온갖 독을 해독해 주니, 모든 남녀노소가 복용할 수 있다. 관절을 부드럽게 해주고 구련병(拘攣病)을 없애주며, 굽은 것을 펴주고 막힌 것을 뚫어주며 죽은 자도 다시 살려내는 공을 지녔으니, 도처에 이것이 있다.

구리 광산에서 생산되고 풍로(風爐)로 이 약을 조제한다. 모양은 둥글고 크기는 감국화(甘菊花) 만하며, 중간에 네모난 구멍을 뚫어서 새끼줄을 꿴다. 한쪽 면에는 문자를 새기는데, 당대 임금의 연호를 기록하기도 하고 별도로 미칭(美稱)을 기록하기도 한다. 수시로 이 약재를 캐서 깊이 저장해두고 사용할 때를 기다리는데, 사용할 적엔 이 약재 몇 닢으로 몇 푼을 대신하며, 심지어 천만 냥을 대신하기도 한다. 신이 만약 이 약재를 사람 손에 전해주면 조금 시일이 지나 이자를 낳을 수 있고, 대낮에 이 약재를 뿌리면 마음속 온갖 사물을 변화시킬 수 있으며, 이 약재를 집에 보관해 두면 가까이 있는 사람이든 멀리 있는 사람이든 스스로 찾아오게 할 수 있다. 이 약재가 없으면, 금이나 은을 대신 쓰기도 한다.

『활인서(活人書)』에 "마음의 갈증은 이 약재가 아니면 제거할 수 없고, 힘이 미약할 적에 이 약재가 아니면 일어날 수 없다."라고 하였고, 『천금방(千金方)』에서는 "생사를 뒤집고 추위와 더위를 바꾸려면 반드시 이 약재를 써야 한다. 사기(邪氣)를 없애고 정기(正氣)를 기르고자 한다면 이 약재를 쓰지 말라."라고 하였다. 이시진(李時珍)[69]은 "군약(君藥)이니 행하지 못할 것이 없고 제어하지 못할 것이 없다. 교활한 자가 이것을 쓰면 사람들과 서로 반목하게 하고, 술을 얻어 크게 발산하게 한다. 본성이 마구 뻗치고 고정되지 않으니 절제하여 써야 한다. 진실로 잘못 복용하면 번번이 사람을 죽인다."라고 하였다.

절비자(折臂子)[70]는 이렇게 말했다. "내가 일찍이 밥을 못 먹은 탓에 병이 나서, 배가 꾸르륵거리고 기운이 약해져 눈이 어두침침하여 보이는 게 없었다. 집안사람이 이 약을 조금 허락하여 풀어서 죽처럼 만들어 복용하자, 잠시 후 약간 땀이 나고 기력이 솟아났으니, 이는 보제(補劑)[71]이다. 한 이웃집에서 하는 일마다 뜻을 이루지 못해, 온 집안이 두통을 앓아 말도 하지 못하고 낯빛은 청황색으로 변했다. 이윽고 이 약재 몇 냥을 얻자, 곧 병이 싹 낫고 얼굴

69) 명(明)나라 신종(神宗) 때의 학자로 의서(醫書)에 밝았으며, 『본초강목(本草綱目)』을 지었다.

70) 절비자(折臂子)는 팔이 부러진 자라는 뜻으로, 유희가 가설한 가상의 의원이다. 『춘추좌씨전(春秋左氏傳)』 정공(定公) 13년에 제(齊)나라의 고강(高彊)이 "세 차례 팔뚝이 부러지는 부상을 당하고 나서야 좋은 의사가 된다는 것을 알 수 있다.[三折肱, 知爲良醫.]"라고 한 것에서 이름을 따왔다.

71) 보제(補劑)는 허약해진 몸을 추세워 건강하게 하는 약재를 말한다.

에 윤기가 돌았으니, 이는 화제(和劑)[72]이다. 몇 해 전 과거에서 어떤 거자(擧子)가 마음속이 휑하였는데 이 약재로 좌약(佐藥)[73]을 만들어 복용하자 과거에 급제했으며, 또 다시 근심으로 힘이 내려앉았는데 이 약재를 많이 들이자, 등급이 올라 높은 등수를 차지했다.

일찍이 듣건대, 어떤 관리가 본바탕이 쇠약하여 설사병을 앓았는데, 의원이 6월과 12월에 이 약재를 엄준히 투약해서 권형(權衡)을 쥔 자가 움직이도록 했더니, 복용할 때마다 번번이 효험을 보아 마침내 높은 지위로 옮겨갔으니, 이는 상승약(上升藥)이다. 또 일찍이 두루 시험해 보았더니, 억눌려 굽혀진 자가 이것으로써 치료되었고 객오(客忤)[74]를 앓았을 때 이것으로써 완화될 수 있었으니, 이는 쾌기약(快氣藥)이다. 음(陰)이 귀하고 양(陽)이 천하거나 혹은 양이 귀하고 음이 천하거나 하여 서로 상대하지 못하는 자가 모두 이것으로써 화합할 수 있다. 만약 청춘 시절에 이 약을 복용하지 못하면 독신이 되는 자가 많은데 끝내 치료하지 못한다. 자식이 없는 자가 이 약을 얻으면 번번이 후사(後嗣)를 얻으니, 이는 생약(生藥)이다. 수감

---

72) 화제(和劑)는 사기를 없애고 장부의 기혈을 고르게 하는 약재나 속을 편안하게 하는 약재를 말한다.

73) 좌약(佐藥)은 처방명에서 주약(主藥)의 치료 작용을 돕거나 겸증(兼證)을 치료하며 또 주약의 독작용을 억제하거나 없애는 약재를 말한다.

74) 객오(客忤)는 사기(邪氣)가 갑자기 침범하여 사람의 정신을 거슬러 발생하는 병을 말한다.

된 자가 병을 심하게 앓아 거의 죽을 듯할 적에, 이 약을 많이 써서 한 번 복용하면 곧 살아나니, 이는 불사약(不死藥)이다. 이미 죽은 사람이 이것으로써 오명을 씻고 또한 명성을 드러낼 수 있으니, 이는 신약(神藥)이다.

여항의 효자(孝子) 열부(烈婦)도 반드시 이 약재를 투약해 관리를 위하여야 정려(旌閭)를 받는 효험을 볼 수 있다. 유자(儒者)의 의관을 입은 사람은 이 약재를 사용해서 남들의 목소리와 목구멍을 윤택하게 하니 이에 군자탕(君子湯)이라 명명하였다. 그러므로 속담에 '너를 가지고 사람을 부르면 피가 나도 모두 친하게 여기고, 너를 가지고 사람을 부리면 죽어도 아픈 줄 모르는구나.'라고 하였으니, 이는 성약(聖藥)이다. 그렇지만 마땅히 조금만 복용해야 한다. 많이 복용하면 반드시 피해가 생기는데, 가볍게는 입술이나 혀가 상처를 입는 정도이지만, 심하면 온몸이 검은색이 되니, 이는 독약(毒藥)이다. 구하기 어렵다는 이유로 캐서는 안 되는 종류를 캐는 경우로는, 깊숙한 곳에는 귀전(鬼箭)이 있고 밝은 곳에는 대극(大戟)이 있는데, 그 흉함을 이루 다 말할 수 없으니, 이는 멸성명약(滅性命藥)이다. 이 때문에 항상 복용하고 오랫동안 복용하여 빠뜨릴 수 없지만, 또한 함부로 취하여 입에 넣어서도 안 된다. 지금 경험을 기록하여 세상에 병이 있는 자로 하여금 이 약재를 금할 줄 알게 한다."

2조

문장(文章)이라는 약재는 본래 명칭이 입언(立言)이다. 맛이 맵고 쓰고 기운이 차고 서늘하며, 양(陽) 중의 양이면서 독이 없다. 어떤 이는 약간의 독이 있다고도 한다. 심경(心經)으로 들어가고 또 간담경(肝膽經)으로 들어간다. 약으로 쓸 때는 주로 장부의 온갖 병을 치료하고, 또한 유아를 길러주고 부인을 조섭하며, 일체의 탁한 기운을 낫게 한다. 가슴을 가득 채우고 마음을 열어 주며, 눈과 귀를 밝게 해주며, 지혜를 증익시키고 담력을 크게 한다. 기격(氣格)을 길러주고 음성을 윤택하게 하며, 더러운 때를 없애주고 신명(神明)을 통하게 한다. 그 중 좋은 것은 조화옹을 움직이고 천지를 편안하게 해주고 온갖 잡무를 안정시켜, 마침내 만물을 낳는 공을 이루어주니, 도처에 이것이 있다.

본래 종자가 없이 한 때에 감응하여, 깨끗하고 빼어난 기운이 명산대천 사이에서 생겨나니, 채취하는 것도 정해진 때가 없고 제조하는 방법도 한 가지가 아니다. 대체로 케케묵은 찌꺼기를 취하여 삼키고 씹기를 여러 번 하는 경우가 많다. 사용할 적엔 소나무 그을음·토끼털·닥나무의 흰 껍질에 넣어서 완성시킨다. 혹은 네 글자를 한 단으로 하는데, 또한 다섯 글자나 일곱 글자인 경우도 있다. 혹은 많고 적음에 구애되지 않고 다만 길게 늘여서 큰 작품을 만들기도 한다. 또 혹은 두 단을 서로 같게 하여 하나의 대(對)라고 일컫기도 한다. 각양각색의 형체가 경우마다 달라서 각기 명칭이 있으니 이루다 거론할 수 없다. 이것을 복용하는 자들은 이것의 성향(聲響)을 취하기도 하고 이것의 색택(色澤)을 취하기도 하며, 혹은 단지 이것의 맛만을 취하고 혹은 이것의 성질까지 아울러 취하기도 하며, 혹은 이것의 골(骨)만을 복용하고 혹은 이것의 마음까지 아울러 복용하기도 한다. 이미 복용하고 나면 번번이 목판에 새겨서 후세 사람들이 또 그것을 씹어 먹을 수 있도록 대비한다. 비록 오래되어 좀이 슬더라도 여전히 버리지 않는다. 그러나 이 약은 어떤 때에는 귀하지만 또한 어떤 때에는 천하기도 하다. 귀할 적에는 무소뿔·코끼리 상아·구슬·옥이라도 그 값에 비견될 수 없다. 그러나 천할 적에는 온 세상이 박대하고 모든 사람이 업신여기니, 치욕을 당하는 것이 도리어 견줄 데 없다.

『난경(難經)』[75]에서 "벼가 썩는 것은 이것이 아니면 그칠 수가 없다. 그러나 안색을 좋게 하고 위장을 채우려고 한다면 복용하지 말라."라고 하였고, 『지교론(至敎論)』[76]에서 "군신좌사(君臣佐使)[77]에 합당하지 않는 것이 없으

75) 『난경(難經)』은 진(秦)나라의 명의(名醫)인 편작(扁鵲)이 지은 의서(醫書)이다. 한의학(韓醫學)의 근본(根本)이 되는 『황제내경(皇帝內經)』과 『소문영추(素問靈樞)』 중 골자를 추려 알기 쉽게 풀이하였고, 난문(難問)을 모아 설명하였다.

76) 『지교론(至敎論)』은 황제(黃帝)의 신하인 뇌효(雷斅)가 지었다는 의서(醫書)이다.

니, 상행(上行)이든 하행(下行)이든 마음대로 공보(攻補)[78]할 수 있다. 만일 진왕단(陳王丹)과 사간탕(射干湯)에 넣으면 안으로 좌사약(佐使藥)이 되고, 태평환(太平丸)과 옥촉산(玉燭散)에 넣으면 안으로 군주약(君主藥)이 되기도 하고 또한 신약(臣藥)이 되기도 한다. 또 군자탕(君子湯)과 지성단(至聖丹)에 넣으면 안으로 행경약(行經藥)이 되고, 해울탕(解鬱湯)과 망우산(忘憂散) 등에 넣으면 단방약(單方藥)이 된다. 꽃과 새가 이것으로 술을 얻게 하니 진실로 금·은과는 상반되며, 뱀과 전갈의 성질을 두려워하고 기름진 쌀과 고기의 기운을 범하는 것을 꺼린다." 라고 하였다.

『직지방(直指方)』[79]에서는 이렇게 말했다. "이 약은 고금에 항상 사용해온 것이니 빠뜨려서는 안 된다. 다만 성질이 두려워하고 꺼리는 것이 많아, 즐겨 복용하여 장복(長服)하는 약제로 삼는다면 분명 손상을 입게 될 것이다.

---

77) 군신좌사(君臣佐使)는 한의학에서 약방문을 낼 때 쓰는 말이다. 주된 증상을 치료하는 약제를 군(君)이라 하고 그것을 보완해 주는 역할을 하는 약제를 신(臣)이라고 하며, 주 약제의 부작용을 상쇄시켜 주는 약제를 좌(佐)라 하고, 여러 약제를 조화시켜주는 작용을 하는 약제를 사(使)라고 한다.

78) 사기(邪氣)를 공격하는 치료법을 공(攻), 정기(正氣)를 보충하는 치료법을 보(補)라고 한다.

79) 『직지방(直指方)』은 송나라의 양사영(陽士瀛)이 1264년에 지은 의서(醫書)이다. 원래 이름은 『인재직지방(仁齋直指方)』이다. 모두 26권 6책으로 구성되어 있다.

또 복용 시기에 대한 금기를 어겨서는 안 되니, 때에 맞지 않게 복용하면 도리어 진기(眞氣)를 누설하게 된다. 안으로 지키고자 하면 높은 열이 나서 기절하는 고통이 있게 되고, 상승시키고자 하면 이질(痢疾)에 걸리게 되니, 뜻을 잃어버리고 몸을 망치는 것이 부지기수이다. 이는 약이 해가 되어서가 아니라 절기 마다 유행하는 질환이 달라서 그런 것이다. 또 마귀가 뒤따라와서 필시 그 원기를 해쳤기 때문일 뿐이다."

회벽옹(懷璧翁)의『경험서(經驗書)』에서는 이렇게 말하였다. "옛날에 좌씨(左氏) 성을 가진 사람이 있었는데, 이것을 사용하여 청죽(靑竹)과 건칠(乾漆)을 합해서 큰 작품을 만들었으나 끝내 실명하는 것을 면하지 못했다.[80] 또 굴씨(屈氏)는 이것을 사용하여 풍소(風瘙)를 치료하다가 안색이 메말라 결국 물에 투신하여 죽었다.[81] 용문(龍門)의 남자는 이것을 가지고 천하 사람들의 건망증을 치료하였으나, 자신의 고환이 썩어 상하고 말았다.[82] 촉(蜀)의

80) 좌씨 성을 가진 사람은 좌구명(左丘明)을 가리키는데,『춘추좌씨전(春秋左氏傳)』을 짓고 실명(失明)하였다고 한다. 사마천(司馬遷)이『사기(史記)』「태사공자서(太史公自序)」에서 "좌구명은 실명하였으나『국어』를 지었다(左丘失明, 厥有國語)."라고 하였다.

81) 굴씨는『이소(離騷)』를 지은 굴원(屈原)을 가리킨다. 그는 장사(長沙)에 있는 멱라수(汨羅水)에 투신하여 죽었다.

82) 용문(龍門)의 남자는『사기(史記)』를 지은 사마천(司馬遷)을 가리킨다. 그는 이릉(李陵) 장군을 변호하다가 한무제(漢武帝)의 노여움을 사

양씨(楊氏)는 이것을 태워서 검은색으로 만들어 복용하길 즐겼는데, 돌연히 낙상(落傷)하여 몸을 망친 좌증이 있었다.[83] 율리(栗里) 사람은 가루약으로 만들어 복용하였는데 위장에서 자꾸 꼬르륵 소리가 났다.[84] 이백(李白)과 두보(杜甫) 두 사람은 동시대에 모두 술과 섞어 복용하였는데, 한 사람은 미쳐서 물에 빠져 죽고 한 사람은 설사병으로 죽었다.[85] 조주(潮州)의 태수와 유주(柳州)의 태수와 미산(眉山)의 소씨(蘇氏) 두 사람과 쌍정(雙井)의 황태사(黃太史)는 모두 이것을 쓰는데 능하여 각자의 처방을 만들어 천하에 전파하였는데, 모두 평생토록 병들고 피폐했다.[86] 북지(北地)의 한 군인의 손자는 옛날 사람의 복용법

서 궁형(宮刑)에 처해졌다.

83) 촉(蜀)의 양씨(楊氏)는 양웅(揚雄, B.C.53~A.D.18)을 가리킨다. 태워서 검은색으로 만들어 복용했다는 것은 양웅이 『태현경(太玄經)』을 지은 것을 비유한 것이다.

84) 율리(栗里) 사람은 도연명(陶淵明, 365~427)을 가리킨다. 동진(東晋)의 은자로, 기교를 부리지 않은 평담(平淡)한 시를 많이 지었다.

85) 이백(李白, 701~762)은 만년에 당도(當塗)의 이양빙(李陽冰)을 찾아가 우거(寓居)하였는데, 근처 채석기(采石磯)에서 물속에 뜬 달을 건지려다가 빠져 죽었다는 전설이 전한다. 두보(杜甫, 712~770)는 만년에 귀향할 뜻을 품고서 공안(公安)·악양(岳陽)·장사(長沙)·형주(衡州) 등을 전전하였는데, 770년 배 안에서 병을 얻어 동정호(洞庭湖)에서 사망하였다.

86) 조주의 태수는 한유(韓愈, 768~824)를, 유주의 태수는 유종원(柳宗元, 773~819)을, 미산의 소씨 두 사람은 소식(蘇軾, 1037~1101)·소철(蘇轍, 1039-1112) 형제를, 쌍정의 황태사는 황정견(黃庭堅,

을 힘써 좇아서, 몇 차례나 고초를 겪다가 준현(濬縣)에서 죽었다.[87] 노(盧) 소년은 항상 이것으로 기이한 처방을 만들어 그윽한 국화주에 사용하였는데, 현기증이 나서 정신병을 앓는 지경에 이르렀다.[88]"

이것은 가장 유명한 사람들이니, 그 외 역대의 제생(諸生)들 중 이것을 좋아하다 그 몸을 곤궁하게 하는 정도에 그치지 않은 이들이 매우 많아서 이루다 헤아릴 수 없다. 급작스레 그 독에 걸려서 죽은 이들로는 한(漢)나라의 양운(楊惲)[89], 위(魏)나라의 예형(禰衡)[90], 수(隋)나라의 설

1045~1105)을 가리킨다. 이들 모두 불우한 생애를 보냈다.

87) 북지(北地)는 이몽양(李夢陽, 1475~1529)은 가리킨다. 이몽양은 무종(武宗) 때 상서 한문(韓文)을 대신해 주소(奏疏)를 써서 환관 유근(劉瑾) 등을 탄핵했다가, 투옥된 뒤 면직 당했다. 유근이 죽은 뒤에 다시 강서제학부사(江西提學副使)로 복귀했는데, 대장(臺長)을 죽여 직책을 빼앗겼다. 이후 20년을 집에서 지내다가 죽었다.

88) 노(盧) 소년은 노남(盧枏, ?~1558)을 가리킨다. 명(明)나라 사람으로 재주가 높고 특히 시에 뛰어났으며, 사진(謝榛)과도 교의가 깊었다. 재주를 믿고 오만하게 굴어 현령(縣令)의 비위를 거슬러 옥고(獄苦)를 치렀는데, 사진이 억울함을 호소하여 풀려났다. 평생 동안 뜻을 펴지 못하고 죽었다.

89) 양운(楊惲, ?~BC 54)은 사마천(司馬遷)의 외손으로, 『사기(史記)』를 익혀 세상에 널리 전파했다. 태복(太僕) 대장락(戴長樂)의 상소 때문에 면직당해 서인(庶人)이 되었다. 그 후 친구 손회종(孫會宗)과 주고받은 편지에 원망하는 내용이 많았는데, 선제(宣帝)가 이것을 읽고 양운을 미워한 데다가 참소와 중상모략을 당해, 양운은 결국 대역 무도죄로 요참형(腰斬刑)을 당했다.

90) 예형(禰衡, 173~198)은 어려서부터 재주가 있어 공융(孔融)이 조조

도형(薛道衡),[91] 당(唐)나라의 왕발(王勃)[92]·유정지(劉庭芝)[93], 우리나라의 이숭인(李崇仁)[94]·권필(權韠)[95]이 있으니 모두 세상의 감계가 될 만하다. 그런데 또 경계하지

(曹操)에게 예형을 천거했으나 조조는 그를 등용하지 않고 유표(劉表)에게 보냈다. 그러나 재주를 믿고 오만하게 굴어 26세의 나이로 황조(黃祖)에게 피살되었다.

91) 설도형(薛道衡, 540~609)은 시문과 문장으로 이름이 났다. 양제(煬帝)가 즉위하자 「고조문황제송(高祖文皇帝頌)」을 올렸는데, 지난 왕조를 찬미하고 현 왕조를 헐뜯는 뜻이 있다는 이유로 양제에게 미움을 받았다. 설도형은 사례대부(司隷大夫)가 되었다가 얼마 뒤 자결을 명받았는데, 차마 실행에 옮기지 못하자 살해당했다.

92) 왕발(王勃, 649?~676?)은 초당사걸(初唐四傑)의 한 사람으로, 재주를 믿고 남들을 경멸해 동료들에게 질시를 받았다. 당시 유행했던 투계(鬪鷄)에 대해 장난으로 쓴 글이 고종의 노여움을 사게 되어 죽을 뻔했다가, 사면을 받아 중앙에서 쫓겨나 사천(四川) 지역을 유랑했다. 뒤에 관노(官奴)를 죽였다는 죄로 관직을 빼앗겼고, 675년에 아버지를 만나러 갔다가 돌아오는 중에 배에서 떨어져 익사했다.

93) 유정지(劉庭芝, 651?~?)는 비파를 타는 데 능했으며, 규정(閨情)을 읊은 시를 많이 지었다. 「대비백두옹(代悲白頭翁)」이라는 시에서 "봄마다 피는 꽃 변함없건만 해마다 사람은 늙어가누나(年年歲歲花相似, 歲歲年年人不同)."라는 구절을 읊었는데, 송지문(宋之問)이 유정지의 이 시구를 빼앗기 위하여 그를 죽였다는 전설이 있다.

94) 이숭인(李崇仁, 1347~1392)은 호가 도은(陶隱)으로, 삼은(三隱)의 한 사람이다. 조선 개국 때 정도전의 원한을 사 살해되었다. 문장에 뛰어났으며 저서로 『도은집(陶隱集)』이 있다.

95) 권필(權韠, 1569~1612)은 조선 시대 선조조(宣祖朝) 목릉성세(穆陵盛世) 문단에서 최고의 시인으로 평가받았다. 척족(戚族)들의 방종을 풍자한 궁류시(宮柳詩)를 지었다는 이유로 혹독한 고문 끝에 죽었다. 저서로 『석주집(石洲集)』이 있다.

않고 지금까지 그것을 범하여 스스로 고통을 겪는 자들이 왕왕 그치지 않으니, 이적(李赤)[96]이 결국엔 뒷간에 빠진 것이나 귀등(歸登)[97]이 억지로 수은을 복용한 것과 같이, 그 사이에 지극한 즐거움이 있다고 스스로 여기면서 마침내 목숨을 소홀히 하고 말았다. 나는 진실로 그것이 어떤 벽(癖) 때문에 그런 것인지 모르겠다.

이 글은 유희가 47세 되던 해인 1819년에 지은 것으로, 『본초경(本草經)』의 문체를 본떠서 지은 희작(戲作)이다. 이 글은 우리나라 문집에서 보기 드문 형식을 취하고 있다. 유희는 중국의 「선본초(禪本草)」 계열 작품의 형식을 충실히 계승하되, 내용과 주제는 자신만의 방식으로 새롭게 변형했다. 중국의 「선본초」 계열 작품으로는 송나라 혜일선사[慧日文雅]의 「선본초」와 원중도(袁中道)의 「선문본초보(禪門本草補)」 등이 있는데, 이

96) 이적(李赤, ?~?)은 당나라 오군(吳郡) 사람으로 시를 잘 지었다. 자신을 이백(李白)에게 견주어 스스로 이적이라 이름 지었는데, 훗날 측간의 귀신에게 홀려서 죽었다고 한다.

97) 귀등(歸登, 754~820)은 당나라의 문인으로, 정원(貞元) 연간에 현량과(賢良科)에 급제하였고 공부상서(工部尙書)를 지냈다. 만년에 도가의 양생술에 심취하여 수은으로 만든 단약을 복용하다가 병에 걸렸다고 한다.

는 특정 개념이나 사물을 약재에 비유하여 쓴 작품들이다. 유희는 이 글에서 돈[通寶]과 문장(文章)을 약재에 비유하여, 각각의 성질과 효능, 부작용 등을 상상하여 서술했다.

1조에서는 돈을 약재에 비유하여, 돈이라는 약재의 속성 및 이 약재를 복용했을 때 나타나는 증상들을 서술했다. 유희는 돈이라는 약재의 특성을 설명할 때, 『활인서(活人書)』·『천금방(千金方)』 등의 의서 및 절비자(折臂子)의 말을 인용했다. 『활인서』와 『천금방』은 실제로 있는 의서이지만, 유희가 이 의서에서 채록했다고 한 내용은 모두 상상의 산물이다. 절비자 역시 유희가 만든 가상의 의원이다. 이 상상의 의서에 나오는 내용은 해학적이면서도 당대 세태를 날카롭게 비판하고 있다.

돈은 사람의 기력을 일으키는 데에는 뛰어난 효능을 갖지만, 사람의 정기(正氣)를 해치기도 한다. 이처럼 돈은 부작용이 있는 약재이지만, 세상 사람들의 많은 어려움을 치료해주기도 한다. 돈만 있으면 과거에도 합격할 수 있고, 울분도 풀 수 있으며, 높은 관직도 차지할 수 있다. 효자·열녀가 정려를 받으려고 해도 돈이 필요하다. 유희는 해학적 표현을 통해, 돈으로 인해 생기는 사회 부조리를 비꼬아 말했다. 유희는 1조에서 돈은 세상에 없어서는 안 될 물건이라고 하면서도, 돈이라는 약재를 남용하여 무엇이든 돈으로 해결하려는 세태를 풍자했다.

2조에서는 문장을 약재에 비유했다. 유희는 글을 짓는 과정을 약 제조 과정에 비유하여 "케케묵은 찌꺼기를 취하여 삼키고 씹기를 여러 번 한다"고 표현했으며, 붓과 종이로 글을 쓰는 것을 "소나무 그을음·토끼털·닥나무의 흰 껍질에 넣어서 만든다"라고 표현했다. 그리고 복용 방법에는 "성향(聲響)·색택(色澤)·미(味)·성(性)·골(骨)·심(心)" 등을 취하는 방법이 있다고 하였는데, 이는 문장을 다양한 측면에서 감상할 수 있다는 의미이다.

2조에서도 다양한 가상의 의서가 등장한다. 유희는 2조에서 『난경(難經)』·『지교론(至教論)』·『직지방(直指方)』·『경험서(經驗書)』 등의 의서를 인용했다. 『난경』·『지교론』·『직지방』 등은 실제로 있는 의서이지만, 그 책에 수록된 내용은 모두 유희의 상상이다. 유희는 의서에서, 사회 부조리를 고발하거나 권력자를 풍자한 시문을 지어 곤액을 당한 역대 문인들을 열거했다. 또 좌구명(左丘明)·굴원(屈原)·사마천(司馬遷) 등 문장이란 약재를 오용(誤用)하여 탈이 난 예도 제시했다. 아울러 다양한 부작용 사례가 있음에도 불구하고, 사람들이 목숨을 잃는

줄도 모르고 문장에 빠지는 것은 무슨 이유 때문인지 모르겠다고 자조했다. 이는 결국 자신도 글을 쓰고자 하는 욕망에서 벗어날 수 없음을 반어적으로 이야기한 것이다.

이 글은 전반적으로 해학적 분위기를 띠고 있지만, 내용이나 주제 의식은 결코 가볍지 않다. 이 글에는 돈 때문에 생기는 각종 사회 문제, 문인이 필연적으로 겪는 불행과 고통 등 유희가 삶에서 느낀 진지한 고민이 담겨 있다.

제6부

문예와 학문

좋은 시를 쓰는 방법

詩管窺序

일찍이 논하건대, 시가(詩家)에게는 세 가지 요건이 있는데 재주의 뛰어남 여부는 거기에 들어있지 않으니, 기(氣)가 첫째이고 벽(癖)이 둘째이고 강산(江山)의 도움이 셋째이다. 그중 한 가지를 얻으면 시를 쓸 만하고, 그중 두 가지를 얻으면 시를 능숙하게 쓸 수 있으며, 그 세 가지를 모두 얻어야만 시를 완성할 수 있다. 예전의 시를 짓는 사람들은 드물되 정밀하였지만, 오늘날의 시를 짓는 사람들은 매우 많되 조잡하니, 조잡한 것이 날로 심해져서 더이상 치료할 수 없게 되었다. 그러나 그것을 치료하려면 반드시 먼저 옛날 사람들의 등급을 정해야 한다. 옛사람의 고하(高下)를 품평한 뒤에 문로(門路)를 선택하고, 문로를 선택한 뒤에야 그 세 가지 요건의 효험이 나타나게 된다.

무릇 옛날 사람들을 시를 지을 때 반드시 먼저 뜻을 다듬었다. 뜻이 다듬어진 후에야 말을 다듬었고, 말이 다듬어진 후에야 글자를 다듬었고, 글자가 다듬어진 후에야 구(句)를 다듬었고, 구가 다듬어진 후에야 장(章)을 다듬었고, 장이 다듬어진 후에야 격(格)을 다듬었고, 격이 다듬어진 후에야 체(體)를 다듬었다. 평측(平仄)·압운(押韻)·경정(景情)·대우(對偶)와 같은 것은 중요하지 않은 일이었다. 뜻이 완곡하고 심원하지[婉遠] 않으면 말이 없는 것과 같고, 말이 절실하지 않으면 글자가 없는 것과 같고, 글자를 놓은 것이 교묘하고 치밀하지 않으면 구가 이루어지지 않은 것과 같고, 구가 원숙하지 않으면 장을 이루지 못한 것과 같고, 장이 가지런히 정돈되지 않으면 골격(骨格)이 없는 것과 같고, 골격이 가늘면서도 힘 있지 않으면 옛날의 체(體)를 따르지 않는 것과 같고, 옛날의 체를 따르지 않으면 시가 없어지고 말 뿐이다.

그런데 이 일곱 가지 요소를 경시하여 버려두고서, 다만 평측·압운·경정·대우에만 얽매이므로, 장부인데도 그 기가 섬약(纖弱)하고 선비인데도 그 기호가 비루하며 문인인데도 그 말이 무지몽매하고 촉급하여, 다시 천하 강산과 어울릴 수 없게 되었다. 아! 한(漢)나라와 위(魏)나라 시인들은 뜻만 다듬었고, 양(梁)나라와 제(齊)나라 시인들은 말만 다듬었고, 만당(晩唐) 시인들은 구만 다듬었고, 원진(元稹)과 백거이(白居易)[98]는 장만 다듬었고, 성당(盛唐) 시인들은 장구(章句)만 다듬었고, 서곤체(西崑體)[99]를 쓴 시인들은 글자만 다듬었고, 소동파(蘇東坡)[100]는 격만 다듬었고, 구승(九僧)[101]과 사령(四靈)[102]은 자구만 다듬었고, 명(明)나라와 청(淸)나라 시인들은 체만 다듬었다. 그 일곱 가지 요소를 다 갖추지 못하면 도(道)에 깊이 나아갈 수 없다.

일곱 가지 요소를 다 갖춘 자로는 당(唐)나라에는 두보(杜甫)[103]가 있고, 송(宋)나라에는 강서시파(江西詩派)가

---

98) 원진(元稹, 779~831)과 백거이(白居易, 772~846)는 당나라 때의 대표적 시인으로, 평소 교분이 두터웠다. 원진과 백거이는 '원백(元白)'으로 병칭되었으며, 둘의 시풍을 '장경(長慶)' 또는 '원화체(元和體)'라 부르기도 하였다.

99) 서곤체(西崑體)는 당나라 이상은(李商隱)의 시체를 본받아 고사를 나열하고 수사에 유의하던 오대(五代) 및 송초(宋初)의 시풍이다.

100) 송나라의 문인 소식(蘇軾, 1037~1101)을 말한다. 자는 자첨(子瞻), 호는 동파(東坡)이다. 당송팔대가 가운데 한 사람이다.

101) 구승(九僧)은 송나라 초기 9명의 시승(詩僧), 즉 희주(希晝)·보섬(保暹)·문조(文兆)·행조(行肇)·간장(簡長)·유봉(惟鳳)·우소(宇昭)·회고(懷古)·혜숭(惠崇)을 가리킨다. 이들은 서곤체의 화려한 시풍에 불만을 품고 만당(晩唐)의 가도(賈島)·요합(姚合)의 시풍을 추숭했다.

102) 사령(四靈)은 남송의 네 시인 서조(徐照)·서기(徐璣)·옹권(翁卷)·조사수(趙師秀)를 가리킨다.

103) 두보(杜甫, 712~770)는 당나라의 시인으로, 시성(詩聖)이라 불렸다. 『영규율수(瀛奎律髓)』라는 시선집을 편찬한 원나라 방회(方回)는 두보와 황정견(黃庭堅)·진사도(陳師道)·진여의(陳與義)를 강서시파(江西詩派)의 일조삼종(一祖三宗)이라 불렀다.

있으며, 우리나라에는 고려 말기 및 목릉성세(穆陵盛世)의 시인들이 있다. 그러므로 나는 이렇게 생각한다. 두보는 마땅히 근체시의 비조(鼻祖)가 되고 잠삼(岑參)·고적(高適)[104] 이후로 큰 공로가 있는 자들이 많으며, 산곡(山谷)[105]·후산(后山)[106]·간재(簡齋)[107]·거인(居仁)[108]이 마땅히 사성(四聖)이 되고 범성대(范成大)와 육유(陸游) 이후로도 또한 배향되는 자들이 많으며, 정지상(鄭知常)[109]·김지대(金之垈)[110]·이규보(李奎報)[111]·이색(李

---

104) 잠삼(岑參, 715?~770)과 고적(高適, 704~765)은 성당(盛唐) 시기의 시인으로, 변새시(邊塞詩)를 잘 지은 것으로 유명하다.

105) 산곡(山谷)은 황정견(黃庭堅, 1045~1105)의 호이다. 강서시파(江西詩派)의 시조로 꼽힌다.

106) 후산(后山)은 진사도(陳師道, 1051~1102)의 호이다. 소식(蘇軾)의 제자로 황정견(黃庭堅)과 함께 황진(黃陳)으로 병칭되었다.

107) 간재(簡齋)는 진여의(陳與義, 1090~1138)의 호이다. 북송(北宋)의 저명한 시인으로, 두보 시를 학습하여 뛰어난 경지에 나아갔다.

108) 거인(居仁)은 여본중(呂本中, 1084~1145)의 자이다. 여본중은 황정견(黃庭堅)과 진사도(陳師道)의 시풍을 계승하였다.

109) 정지상(鄭知常, ?~1135)은 시(詩)에 뛰어나 고려 12시인의 한 사람으로 꼽혔으며 역학(易學)·불전(佛典)·노장철학(老莊哲學)에도 조예가 깊었다.

110) 김지대(金之垈, 1190~1266)는 문장에 능했고 요체시(拗體詩)를 잘 지었다.

111) 이규보(李奎報, 1168~1241)는 고려 시대의 문인으로, 무인 집권 시기에 주로 활동했으며 시인이자 문장가로 이름을 떨쳤다. 저서로 『동국이상국집(東國李相國集)』이 있다.

穡)[112]·박은(朴誾)[113]·이행(李荇)[114]·노수신(盧守愼)[115]·박지화(朴枝華)[116]·황정욱(黃廷彧)[117]·최립(崔岦)[118]이 마땅히 십철(十哲)이 되고 그 이외에도 또한 시에 입문한 자들이 많다. 마침내 당나라, 송나라, 우리나라의 시들을 취해 각양각색의 모범에 대해 논하고 대략 한두

112) 이색(李穡, 1328~1396)은 이제현의 제자로서 고려 말 삼은(三隱)의 한 사람이다. 『목은문고(牧隱文藁)』·『목은시고(牧隱詩藁)』 등이 있다.

113) 박은(朴誾, 1479~1504)은 해동 강서파(海東江西派)의 대표적 시인으로, 친구 이행(李荇)이 그의 시를 모아 『읍취헌유고(挹翠軒遺稿)』를 간행하였다.

114) 이행(李荇, 1478~1534)은 문장 뿐만 아니라 글씨와 그림에도 능하였다. 박은과 더불어 해동 강서시파의 한 사람으로 꼽힌다. 저서로 『용재집(容齋集)』이 있다.

115) 노수신(盧守愼, 1515~1590)은 1543년 식년문과(式年文科)에 장원급제하였으며, 시·문장·서예에 능하였다. 허균은 "노소재(盧蘇齋: 노수신)가 선조 초에 가장 걸출하였다."라고 평했다. 저서로 『소재집(蘇齋集)』이 있다.

116) 박지화(朴枝華, 1513-1592)는 유(儒)·불(佛)·선(仙)에 모두 조예가 깊고, 특히 기수학(氣數學)에 뛰어났다. 저서로 『수암유고(守庵遺稿)』·『사례집설(四禮集說)』 등이 있다.

117) 황정욱(黃廷彧, 1532-1607)은 선조조(宣祖朝)의 대표적 문인으로, 허균은 "노소재는 두보(杜甫)의 법을 깨쳤는데 황지천(黃芝川: 황정욱)이 뒤를 이어 일어났다."라고 평했다. 저서로 『지천집(芝川集)』이 있다.

118) 최립(崔岦, 1539~1612)은 선조조(宣祖朝)의 대표적 문인으로, 중국에 갔을 때 왕세정(王世貞)을 만나 문장을 논하였고, 중국 학자들로부터 명문장가라는 칭찬을 받았다. 저서로 『간이집(簡易集)』이 있다.

가지를 들어 예(例)를 보여서 옛 시를 배우는 후인들에게 지침이 되게 하고자 하니, 『시관규(詩管窺)』라고 이름을 붙였다.

정사년(1797, 정조21) 7월 하순에 방편자(方便子)가 서문을 쓰다.

유희의 문집을 살펴보면, 시문의 작법에 대한 논의는 주로 20대 중후반에 쓴 글에 집중되어 있다. 이 글 역시 유희가 25세 때 지은 것이다. 유희는 이 글에서 좋은 시를 짓기 위한 일곱 가지 요소로, 뜻을 다듬는 것, 말을 다듬는 것, 글자를 다듬는 것, 구(句)를 다듬는 것, 장(章)을 다듬는 것, 격(格)을 다듬는 것, 체(體)를 다듬는 것을 제시했다. 그리고 이 모든 요소를 갖춘 시인으로는 두보(杜甫)와 강서시파(江西詩派) 및 우리나라의 몇몇 작가가 있을 뿐이라고 하였다.

유희는 다른 글에서도 누차 강서시파의 시를 높이 평가했다. 하지만 유희가 강서시파를 시의 절대적인 기준으로 삼은 것은 아니다. 유희가 강서시파를 언급한 이유는, 그들의 시가 일곱 요소를 두루 갖춘 훌륭한 사례이기 때문이다. 즉 이 글에서 유희가 강조하고자 한 것은

‘옛날 사람의 시를 제대로 공부하고 품평하여 작시(作詩)의 일곱 요소를 갖추어야 한다’는 점이다.

유희는 이처럼 시론(詩論)에 있어서 절대적인 하나의 전범(典範)을 설정하지 않았다. 유희는 우선 좋은 시를 짓기 위한 기본 원칙을 제시한 뒤, 옛 작품 중 잘된 예를 학습하여 시 짓는 힘을 기를 것을 강조했다. 이 글에서 유희가 옛날의 체를 배워야 한다고 한 것은 결코 모방을 의미하지 않는다. 옛 시가 지닌 격력(格力)을 터득해야 한다는 의미이다.

좋은 문장이란

又【九月十六日】

며칠 동안 족하를 만나지 못해, 빈빈이 평소의 말을 외면서 외로움을 스스로 위로했습니다. 「유사랑에 대한 제문[祭柳四郎文]」을 본 뒤로, 족하의 훌륭한 재주와 곧은 뜻에 항상 감탄했습니다. 이러한 재주가 있는데도 행문(行文)에 공력을 쏟지 않으시니, 아마도 보탬이 되지 않는다고 여겨서입니까? 아니면 시속(時俗)의 문장을 비루하게 여겨서, 시속의 문장과 나란히 서는 것을 부끄러워해서입니까? 문장의 실용은 행문보다 우선하는 것이 없는데, 지금 도리어 시(詩)의 아래에 두시니, 저는 알지 못하겠습니다. 무릇 시속의 문장이 식자들에게 비루하게 여겨지는 것은 종사(宗師)가 없기 때문입니다. 옛사람 중 하나의 체(體)를 구해서 문로(門路)로 삼지 않고, 백가(百家)를 널리 취하여 억지로 구절을 연결하니, 이는 팔은 말인데 다리는 솔개인 것과 같아 모두 감당할 수 없습니다. 심한 자는 스스로의 수완을 자신하여 써지는 대로 쓸 뿐입니다. 이 때문에 과장(科場)의 선비는 문장이 비루하고, 훈고(訓詁)를 다는 선비는 문장이 국한되었고, 시를 짓는 선비는 문장이 거치니, 이 몇 가지 경우의 사람들이 모두 잘못되어 천하에 문장이 없어진 지 오래되었습니다.

저는 일찍이 문장에는 삼관(三觀)이 있다고 여겼는데, 글 전편의 체(體)는 여기에 들어가지 않습니다. 처음에는 글을 연이어 읽으면서 풍운(風韻)과 음조(音調)를 보고, 그다음에 또 구를 따라 읽어가며 깊이 음미하면서 자구(字句)의 절주(節奏)를 보고, 마지막에야 책을 덮고 생각하며 글의 의미와 정신을 봅니다. 의미란, 옥에 아름다운 빛이 있고 난초에 향기가 있는 것과 같아 대뜸 찾으면 도리어 얻을 수 없지만 자연히 가까운 곳에서 생겨나 멀리까지 미쳐서 감출 수 없는 것입니다. 정신이란, 하나의 이치로 꿰뚫어서, 자첨(子瞻)[119]처럼 끊어졌다 이어지고 자장(子長)[120]처럼 넓어졌다 수축되더라도, 모두 하나의 이치로 꿰뚫지 않은 적이 없는 것입니다. 하나의 이치란 붓을 잡

---

119) 송(宋)나라의 문인 소식(蘇軾, 1037~1101)을 말한다. 자는 자첨(子瞻), 호는 동파(東坡)이다. 당송팔대가 가운데 한 사람이다.

120) 한(漢)나라의 역사가 사마천(司馬遷, BC145?~BC86?)을 말한다. 자는 자장(子長)이다. 『사기(史記)』를 저술했다.

고 먹에 담그기 전에 먼저 가슴 속에서 얻는 것이니, 붓을 잡고 먹에 담근 뒤에 얻어지는 것이 아닙니다. 가슴 속에서 얻지 못했는데 억지로 붓과 먹에서 구하려고 한다면, 무너지고 흩어져버려 이미 수습할 수 없습니다.

자탁유자(子濯孺子)가 윤공 타(尹公他)와 유공 사(庾公斯)에게 활쏘기를 가르치며 전해준 것은 마음이었습니다.121) 검을 잘 알려면 반드시 천 개의 검을 살펴봐야 합니다. 활쏘기는 작은 기예이고 검술은 천한 일인데도 오히려 사승(師承)이 있는 것은, 이렇게 하지 않으면 정밀해질 수 없다고 여겨서입니다. 하물며 천지의 정영(精英)을 얻어 심성(心性)에서 이루어져서 풍속을 움직이는 문장에 있어서는 어떻겠습니까. 문장을 짓는 사람은 반드시 예전 사람을 종사(宗師)로 삼아야 하니, 만일 종사가 없으면 어찌 또 성취가 있겠습니까.

무릇 문답(問答)의 문장은 『논어(論語)』만한 것이 없으니, 이것이 공동(空同)의 「화리편(化理篇)」122)이 기이한

---

121) 춘추 시대에 정(鄭)나라가 위(衛)나라를 침략했을 때 정나라 장수 자탁유자(子濯孺子)는 위나라 장수 유공사(庾公斯)에게 추격을 당하게 되었다. 자탁유자는 병이 나서 활을 쏠 수 없었는데, 추격해오는 유공사가 바로 자신이 활쏘기를 가르쳐준 윤공타(尹公他)의 제자라는 말을 듣고, "저 윤공타란 자는 바른 사람이라 벗을 취할 때에도 반드시 올바르게 취했을 것이다.[夫尹公之他, 端人也, 其取友必端矣.]"라고 하며, 자신을 쏘지 않을 것이라 예상했다. 과연 유공사는 자신이 배운 자탁유자의 활쏘기 기술로 자탁유자를 해칠 수 없다고 여겨, 살촉을 뺀 화살을 네 발 쏜 뒤에 돌아갔다. 『孟子 離婁下』

까닭입니다. 훈고(訓詁)의 문장은 『춘추곡량전(春秋穀梁傳)』·『춘추공양전(春秋公羊傳)』 만한 것이 없으니, 이것이 부송경(傅松卿)의 『하소정해(夏小正解)』[123]가 정밀한 까닭입니다. 포폄(褒貶)의 문장은 『춘추(春秋)』만한 것이 없으니, 이것이 주자(朱子)의 『자치통감강목(資治通鑑綱目)』이 논리정연한 까닭입니다. 비유의 문장은 『장자(莊子)』만한 것이 없으니, 이것이 소식(蘇軾)의 여러 기문(記文)이 신묘한 까닭입니다. 일을 기록하고자 한 것은 『예기(禮記)』「단궁(檀弓)」만한 것이 없으니, 이것이 사마천(司馬遷)의 『사기(史記)』가 굳건한 까닭입니다. 설을 종횡으로 늘어놓고자 한 것은 『전국책(戰國策)』만한 것이 없으니, 이것이 소동파의 「책략(策略)」[124]이 통달한 까닭입니다. 문식(文飾)을 잘하고자 한 것은 『춘추좌씨전(春秋左氏傳)』만한 것이 없으니, 이것이 진사도(陳師道)의 여러 글이 요약된 까닭입니다. 신령을 감동시키고자 한 것은 「구

122) 공동(空同)은 이몽양(李夢陽, 1475~1529)을 말한다. 명대(明代) 전칠자(前七子)의 영수로 일컬어진다. 「화리편(化理篇)」은 혹자(或者)와 공동자(空同子)의 문답을 가설해, 전뢰(電雷)·음양(陰陽)·사시(四時)·별자리 등에 관한 이몽양의 생각을 드러낸 글이다.

123) 『하소정(夏小正)』은 기후 관련 저서로, 원래 『대대례기(大戴禮記)』에 수록된 글이 있는데, 후대에 독립된 저서로 전해졌다. 송나라 부송경(傅松卿)이 『하소정해』를 지어, 『춘추좌씨전』 편찬의 예에 따라 정문(正文)을 앞에 전(傳)을 뒤에 나열했다.

124) 동파(東坡)는 송나라의 문인 소식(蘇軾, 1037~1101)을 말한다. 당송팔대가 가운데 한 사람이다. 소식은 「책략」 5편을 지었다.

가(九歌)」만한 것이 없으니, 이것이 한유(韓愈)의 제문(祭文)이 감동적인 까닭입니다. 지리를 개괄하고자 한 것은 『산해경(山海經)』만한 것이 없으니, 이것이 이반룡(李攀龍)의 유기(遊記)가 정밀한 까닭입니다. 기물을 형용하고자 한 것은 『고공기(考工記)』 만한 것이 없으니, 이것이 심괄(沈括)의 「혼의의(渾儀議)」·「부루의(浮漏議)」·「경표의(景表議)」가 자세한 까닭입니다. 이 여러 사람의 문장은 혹은 전대 사람의 폐부(肺腑)를 얻기도 하고 혹은 전대 사람의 면목(面目)을 얻기도 하였으나, 모두 능히 일가(一家)의 법을 이루었습니다.

지금 사람의 재주가 이 여러 사람에게 미치지 못하는 것은, 이 여러 사람의 재주가 전대 사람에게 미치지 못하는 것과 같은 것에 불과합니다. 그런데 끝내 계승하는 자가 없는 것은 어째서입니까. 우리나라 속담에 "듣보기장사 애말라 죽는다.[聞見之賈, 勞心而死.]"125)라는 말이 있습니다. 천하의 재화가 지극히 많은데, 사람마다 각기 우연한 것에서 이익을 얻어서 모두 이것을 가지고 권하니, 장사치는 그것을 따르기가 진실로 어렵습니다. 고금에 문장이 매우 많은 것은 재화가 많은 것보다 못하지 않은데, 온갖 체가 분분하여 전적으로 주로 삼는 것이 없습니다. 이 때문

125) 여기저기 뜨내기로 시세를 알아 가며 요행수를 바라고 돌아다니던 듣보기장사가 시세가 맞지 않아 이익을 볼 수 없게 되어 매우 애를 태운다는 뜻이다. 여기서는 온갖 문장을 보며 문장력을 얻기를 바라는 사람이 애만 태우고 문장의 성취를 이루지 못함을 비유하는 말로 쓰였다.

에 고사를 쓰기를 좋아하면 죽은 자의 기물을 판다는 비판을 받지만, 스스로 고문을 창조하면 끝내 머리를 풀어 헤치고 들에서 제사 지내는 꼴을 면할 수 없습니다.

족하의 경우에는 옛사람의 글을 숙독하지 않은 것이 아니요, 여러 사람이 취사한 것을 살피지 않은 것이 아닙니다. 다만 문장 짓기를 좋아하지 않기 때문에 종사를 구하지 않은 것인데, 종사를 얻지 못하면 점차 좋아할 수 없게 됩니다. 진실로 좋아하고자 한다면 단지 생각을 한번 바꾸면 될 뿐입니다. 제 말이 여기에 이르러 혹여 백에 하나라도 보탬이 없지는 않을 것이니, 삼가 눈을 비비고 발돋움을 하고서 족하께서 들어주기를 기다립니다. 족하께서 어떻게 여길지 모르겠습니다.

이 글은 유희가 1798년 9월 16일에 윤흡에게 보낸 편지이다. 유희는 이 글에서도 문장의 절대적인 기준을 제시하기보다는, 좋은 문장의 주요 요건을 우선 말했다. 유희는 문장을 감상하는 방법으로 삼관(三觀)을 제시했는데, 이는 처음 읽을 때 풍운(風韻)과 음조(音調)를 살피고, 두 번째로 읽을 때 자구(字句)의 절주(節奏)를 보고, 세 번째 읽을 때 글의 의미와 정신을 보는 방법이다. 이때 문장의 체(體)는 삼관에 들어가지 않는다.

그런데 이 글 후반에서 유희는 각 문체의 모범적인 사례를 제시하고 있다. 체는 중요하지 않다고 했으면서, 도리어 여러 문체의 모범 사례를 언급한 이유는 무엇인가. 이는 바로 당대 사람들이 좋은 문장을 짓지 못하는 가장 큰 원인이 옛사람의 글을 제대로 배우지 않는 데 있다고 여겼기 때문이다. 유희는 각 글의 방향에 맞는 종사(宗師)를 설정하고 그 종사의 글을 충실히 학습해야 좋은 문장을 지을 수 있다고 보았다.

따라서 유희는 이 글에서 각 문체의 종사를 제시하고, 그 종사의 법을 제대로 배워 일가(一家)를 이룬 사례를 나열했다. 예를 들어, 이몽양(李夢陽)과 부송경(傅松卿)이 각각 '문답(問答)의 문장'과 '훈고(訓詁)의 문장'을 잘 지을 수 있었던 까닭은『논어(論語)』와『춘추곡량전(春秋穀梁傳)』·『춘추공양전(春秋公羊傳)』 등 해당 문체의 종사를 제대로 본받았기 때문이다. 이때 종사를 본받는다는 것은 종사로 삼는 글의 외면을 모방하는 것을 의미하지 않는다. 바로 종사의 '심법(心法)'을 터득하는 것을 의미한다. 유희는 문인들이 종사의 심법을 터득하여 각자 일가의 문장을 이루어야 한다고 보았다.

이처럼 유희는 자신이 생각하는 문장의 큰 요건만 제시하고, 그 외에는 문체마다 전범을 다양하게 설정했다.

그리고 그 전범을 학습하여, 궁극적으로는 자신만의 시문을 지어야 한다고 보았다.

도통을 논하다

論道統

세상에 도동(道統)의 전수에 대해 논한 자가 이렇게 말했다. "요(堯)임금은 우리 도[斯道]를 순(舜)임금에게 전하고, 순임금은 도를 우왕(禹王)에게 전하고, 우왕은 도를 탕왕(湯王)에게 전하고, 탕왕은 도를 문왕(文王)·무왕(武王)·주공(周公)에게 전하고, 문왕·무왕·주공은 공자(孔子)에게 전하고, 공자는 맹자(孟子)에게 전했다."126) 나는 일찍이 이 말을 괴이하게 여겼다. 만약 이 사람이 전해주고 저 사람이 받아서 서로 전해주는 데 뜻을 둔 것이라 한다면, 대개 요임금·순임금·우왕이 서로 전해준 것은 마땅하지만, 우왕·탕왕·문왕·무왕이 서로 전해준 것은 부득이해서였고, 주공이 공자에 전해준 것은 불행한 것이었고, 공자가 맹자

126) 이는 당나라 문인 한유(韓愈)의 「원도(原道)」에 나오는 말이다.

에게 전해준 것은 구차한 것이었을 뿐이다.

무릇 백성들이 태어남에 반드시 가장 뛰어난 한 사람이 있는데, 반드시 이 한 사람을 임금으로 삼아서 그로 하여금 아래에 있는 사람들을 다스리게 하였으니, 이것이 사도(師道)가 세워진 까닭이다. 그가 늙게 되면, 또 아래에 있는 사람 중 가장 뛰어난 이를 골라 자신의 지위를 대신하게 하였다. 이것이 요임금이 마땅히 순임금에게 전하고 순임금이 마땅히 우임금에게 전한 까닭이니, 하늘이 성인(聖人)을 낸 뜻이 제대로 이루어졌다.

요임금의 시대에 다스리기 어려운 것이 없지는 않았으니, 일찍이 요임금의 아들을 요임금이 찾던 인재라 했었다. 그러므로 순임금이 왕위를 대신하게 되자, 요임금의 아들이 대뜸 물러나려고 하지 않다가, 극진히 아름다운 소(韶) 음악을 듣고 난 뒤에야 비로소 덕으로 사양하였다.[127] 우왕은 이를 감계(鑑戒)로 삼아, 마침내 후세에 다툼의 단서가 끝이 없을까 염려하였다. 일찍이 기(夔)를 전악(典樂)으로 삼아 맏아들을 교육하게 했었는데,[128] 순임

127) 소(韶)는 순임금의 음악을 말한다. 『서경(書經)』 「익직(益稷)」에 "명구(鳴球)를 치고 거문고와 비파를 어루만지며 노래를 읊으니, 조고(祖考)가 와서 이르시며 우빈(虞賓)이 자리에 있으면서 여러 제후가 덕으로 사양합니다.[戛擊鳴球, 搏拊琴瑟以詠, 祖考來格, 虞賓在位, 群后德讓.]"라고 하였다. 우빈은 요 임금의 아들인 단주(丹朱)를 가리킨다. 요 임금은 아들 단주가 어질지 못하다는 이유로 순 임금에게 왕위를 전했는데, 단주가 소 음악을 듣고 감화되어 자리의 여러 제후와 함께 덕(德)으로 사양하였다.

금의 아들이 순임금을 닮지 않고 우왕의 아들이 우왕을 닮은 뒤에야, 순임금은 우왕에게 왕위를 전하고 우왕은 자신의 아들에게 왕위를 전했다. 그러나 그 아들의 아들이 반드시 모두 아버지를 닮지는 못하였으므로, 사(師)가 된 자의 덕이 시간이 지날수록 더욱 없어졌다. 이에 하늘이 아래에 있는 사람 중 가장 뛰어난 자를 선택하여 그로 하여금 일어나 왕위를 대신하게 하였다. 이것이 탕왕과 문왕·무왕이 왕위를 얻을 수 있었던 까닭인데, 그래도 도로써 주고받은 것은 아니었다. 그러므로 "부득이해서였다"고 말한 것이다.

그렇지만 이때까지도 여전히 왕위를 얻지 못한 성인은 있지 않았다. 한번 주공이 형의 아들을 보필하여 도를 행하고 난 뒤부터, 성인과 왕자(王者)가 마침내 둘로 갈리고, 학문을 여는 것과 백성을 다스리는 것이 각각 하나의 일로 나누어졌다. 마침내 공자의 성(聖)으로도 왕위가 없는 상황을 면하지 못하여 백성들이 다시는 지치(至治)의 교화를 입지 못하게 되었으니, 이보다 더 심한 불행이 무엇이 있겠는가.

---

128) 기(夔)는 순임금의 어진 신하이고, 전악(典樂)은 요순 시대에 조정 음악을 관장하던 관직 이름이다. 순임금이 기에게 "기(夔)야! 너를 명하여 전악으로 삼으니, 맏아들을 가르치되 곧으면서도 온화하며 너그러우면서도 엄하며 강하되 사나움이 없으며 간략하되 오만함이 없게 할 것이다.[夔, 命汝典樂, 教胄子 直而溫, 寬而栗, 剛而無虐, 簡而無傲.]" 라고 하였다. 『書經 舜典』

무릇 신민(臣民)의 지위에 있는 스승은 오로지 사람들을 가르치는 것을 임무로 삼았다. 사람들을 가르치는 것을 반드시 모두 명령(螟蛉)이 과라(蜾蠃)를 닮게 하는 것처럼 하고자 하였으니,[129] 어찌 혹여 '먼저라 하여 전수하고 뒤라 하여 게을리하는' 마음이 있었겠는가.[130] 단지 배우는 자의 기질에 우매하고 현명한 차이가 있고 배우는 자의 뜻에 성실하고 게으른 차이가 있을 뿐이다. 다행히도 하나의 이치로써 관통하는 요결(要訣)[131]을 들은 자가 있었으나, 하늘이 안자(顏子)[132]를 빼앗아 간 뒤에는 오직 증자(曾子)만 있을 뿐이었으니, 자사(子思)와 맹자가 실처럼 끊어

---

129) 성인이 사람들을 가르칠 적에 마치 자신의 자식처럼 여겼다는 의미이다. 명령(螟蛉)은 나방류의 유충(幼蟲)인데, 과라(蜾蠃)가 자기 새끼가 아닌 명령을 데려다가 제 자식처럼 잘 키운다. 과라가 명령을 데려다가 키울 적에 "나를 닮아라, 나를 닮아라.[類我類我.]"라고 축원하는데, 오랜 시간이 지나면 명령이 과라처럼 된다고 한다. 『揚子法言 學行』

130) 송나라 학자 정호(程顥)가 "'먼저라 하여 전수하고 뒤라 하여 게을리한다.'는 것은 군자가 사람을 가르침에 순서가 있으니, 먼저 작고 가까운 것을 전수한 뒤에 크고 먼 것을 가르쳐주는 것이요, 먼저 가깝고 작은 것을 전수한 뒤에 멀고 큰 것을 가르쳐 주지 않는 것은 아니다.[先傳後倦, 君子敎人有序, 先傳以小者近者而後, 敎以大者遠者, 非是先傳以近小而後, 不敎以遠大也.]"라고 하였다. 『近思錄 卷11 敎學』

131) 공자가 제자인 증자에게 "나의 도는 하나의 이치가 꿰뚫고 있다.[吾道, 一以貫之.]"라고 하였는데, 공자가 나간 뒤에 문인들이 이 말의 의미를 묻자 증자가 "선생님의 도는 충(忠)과 서(恕)일 뿐이다.[夫子之道, 忠恕而已.]"라고 하였다. 『論語 里仁』

132) 안자(顏子)는 공자의 제자 안연(顏淵)으로, 아성(亞聖)으로 일컬어졌지만 32세에 요절하였다.

지지 않았던 것이 또한 성인이 원하여 그렇게 만든 것이겠는가. 어찌 사문(斯文)이 날로 쇠퇴하지 않을 수 있겠는가. 후배 중 선배에게 미치는 자가 극히 적으니, 구차하게 일맥(一脈)을 서로 전할 뿐이다. 그렇게 된 뒤에 '도통(道統)의 전수'에 대해 말하는 자가 "이쪽이 종통(宗統)이고 저쪽은 지맥(支脈)이다. 종통의 맥은 비록 여러 번 교체되더라도 여전히 적전(嫡傳)이 될 수 있고, 지맥의 후예는 가령 떨쳐 일어나더라도 여전히 정통이 될 수 없다. 이는 비유하자면, 나라에 두 임금이 없고 제사에 두 신주가 없는 것과 같다."라고 하였으니, 몹시 비루하게 여길 만하다.

근래에 이르러서는 이러한 풍조가 날로 성행하여, 배우는 자들이 도가 있는 자에게 나아가기를 힘쓰지 않고, 반드시 계승하여 정통이 될 수 있는지 여부를 가려서 귀의한다. 스승이 된 자도 또한 가르치기를 게을리하지 않는 데 마음을 쓰지 않고, 반드시 적전으로 삼을 만한 인재를 취하여 돈독히 지낸다. 이것이 농단(隴斷)에 오른 장부가 천하게 여겨지는 까닭이다.[133] 심지어 명예를 좋아하는 무

---

133) 농단(隴斷)은 높은 언덕으로, 이익을 독점하려고 탐하는 자는 세상 사람들이 천하게 여긴다는 의미이다. 『맹자(孟子)』「공손추하(公孫丑下)」에 "옛날에 시장에서 교역(交易)하는 자들은 자기에게 있는 물건을 가지고 자기에게 없는 물건과 바꾸었으며, 시장을 맡은 관리는 세금을 거두지 않고 분쟁을 다스리기만 할 뿐이었네. 그런데 천박한 한 사람이 반드시 농단을 찾아 거기에 올라가서 좌우로 둘러보고서 시장의 이익을 망라하자, 사람들이 모두 그 사람을 천하게 여겼네.[古之爲市者, 以其所有, 易其所無者, 有司者, 治之耳. 有賤丈夫焉, 必求龍斷而登之,

리가 정통과 지맥을 가지고 서로 다투니, 상대방의 선함을 질투하고 상대방의 악함을 드날려서, 반드시 자신을 정통으로 하고 저쪽을 지맥으로 삼고자 하고야 만다. 마침내 위로는 이미 죽은 옛사람까지 소급하여, 온 힘을 다해 공격하기를 부형(父兄)의 원수와 다름없이 한다. 이것이 사나운 매가 뭇 새들과 무리 짓지 못하는 까닭이다.[134] 무릇 선을 행하는 도(道)의 적전이 남을 해치고, 마음을 전하는 통(統)의 적전이 남을 잘못되게 할 줄 누가 생각이나 했겠는가? 사람에게 있어서는 천한 장부가 되고 새에 있어서는 사나운 매가 되는 지경에 이른 것은, 또한 한자(韓子 한유(韓愈))의 글에서 경솔하게 '도를 전했다'고 말한 것에서 말미암았다. 그러므로 내가 서로 전한 경위를 낱낱이 서술하여 세속을 깨우치니, 성인의 뜻은 애당초 도통을 전함에 있지 않았다.

저 맹자의 말이 또 좋다. 맹자가 "요·순으로부터 탕왕에 이르기까지, 우왕과 고요는 요·순의 도를 직접 보고서 알

以左右望而罔市利, 人皆以爲賤.]"라고 하였다.

134) 초나라 굴원(屈原)의 「이소(離騷)」에 "사나운 새는 뭇 새들과 떼 짓지 않음이여, 예로부터 본래 그러하다네. 어찌 모난 것과 둥근 것이 서로 부합할 수 있으랴? 그 누가 도를 달리하면서 서로 편안하리오?[鷙鳥之不群兮, 自前世而固然. 何方圜之能周兮? 夫孰異道而相安?]"라고 하였다. 이 구절은 본래 지조가 굳센 사람이 세상과 부합하지 못함을 의미하지만, 여기서는 상대방을 강하게 공격하는 자들이 다른 사람들과 잘 어울리지 못함을 의미한다.

았고, 탕왕은 들어서 아셨다.[由堯舜至於湯, 禹皐陶見而知之, 湯聞而知之.]"라고 하였으니,[135] 참으로 옳은 말이다. 그렇다면 지금 현인(賢人) 중 이에 대해 혹 보고서 아는 사람도 있을 것이고 또한 들어서 아는 사람도 있을 것이니, 장차 도통의 전수를 가지고 서로 다투지 않을 것이다. 군자의 도는 넓도다.

이 글은 유희가 1804년에 지은 것으로, '도통(道統)'의 문제를 논하였다. 이 글의 서두는 당나라 한유(韓愈)의 말로 시작한다. 한유는 「원도(原道)」라는 글에서 요임금·순임금으로부터 맹자에 이르는 유가의 도통을 제시한 바 있다. 이후 한유가 설정한 도통은 많은 유자들에게 하나의 정설로 받아들여졌다.

그런데 한유가 설정한 이러한 도통에 대해 유희는 의문을 제기한다. 유희는 '과연 과거 성인들이 도를 전수하는 행위 자체에 뜻을 두었을까?'라는 의문을 품었다. 유희가 보기에, 유가의 도는 당대 상황에 따라 자연스럽게 다음 세대로 전해진 것이지, 성인들이 애초에 아무개에게 도를 전하겠다고 마음먹은 것은 아니었다. 유희는

135) 『맹자(孟子)』 「진심하(盡心下)」에 나오는 말이다.

'도통을 정하는 것은 애당초 성인들이 중시한 문제가 아니었다'라고 여겼다.

그런데 이 글에서 유희가 말하고자 하는 핵심은 한유의 도통론을 비판하는 것이 아니다. 유희는 당대 사람들이 '도통'이라는 명분하에 이합집산하며 당파 싸움을 하는 세태를 비판하고자 하였다. 주지하다시피, 숙종 이후 당파가 어지럽게 분화되어 당파 간 다툼이 그치지 않았다. 유희의 집안 역시 당파 싸움의 소용돌이 속에서 몰락한 경우라고 볼 수 있다. 유희는 당대 사람들이 유학의 본질은 외면한 채, 종통(宗統)이냐 지맥(支脈)이냐를 따지며 권력 다툼에 골몰하는 문제를 거론했다. 유희가 보기에 종통과 지맥을 나누는 것은 권력을 갖기 위한 명분에 불과할 뿐, 유가의 도를 실현하는 것과는 아무런 관련이 없었다. 따라서 유희는 정통성을 따지며 도통의 전수를 논하는 것 자체가 무의미하다고 보았다. 이 글은 정통성이라는 명분 아래 세력 다툼에 매몰된 사대부 사회를 날카롭게 비판하고 있다.

무지한 이불

讀穆堂集

이거래(李巨來)[136]의 평생 시문은 오로지 주자(朱子)와 육상산(陸象山)의 다른 점을 같게 만들기 위해 지은 것이니, 주자의 글을 주워 모아서 육상산에게 합치시켰다. 학술이 왕양명(王陽明)에게서 시작되었으나 양명학의 핵심을 깨뜨린 사람은 진건(陳建)[137]이다. 이거래는 항상 진건

136) 이불(李紱, 1673~1750)은 청나라 학자로, 자는 거래(巨來), 호는 목당(穆堂)이다. 육구연(陸九淵)의 학문을 종주로 삼았고, 왕수인(王守仁)을 육학(陸學)의 계승자로 보았다. 주희의 설과 육구연의 설은 같은 점이 많으며, 만년에 주희가 육학으로 귀의할 의향이 있었다고 주장했다. 저서에 『목당초고(穆堂初稿)』, 『목당별고(穆堂別稿)』, 『육자연보(陸子年譜)』, 『주자불혹록(朱子不惑錄)』, 『양명학록(陽明學錄)』 등이 있다.

137) 진건(陳建, 1497~1567)은 명나라의 학자이다. 진건은 『학부통변(學部通辨)』을 저술하여 왕양명의 「주자만년정론(朱子晩年定論)」을 논파하고, 양명학이 도를 어지럽히며 사람들을 속인다고 하였다. 『학부

을 욕하면서 "무지한 진건"이라고 하였는데, 내가 보기엔 거래가 바로 '무지한 이불(李紱)'이다. 명(明)·청(淸)의 학자들은 문로(門路)가 이미 어긋났고 또 날로 송대(宋代)의 학문을 헐뜯는 것을 업으로 삼아서, 마침내 심지(心地)에 병통이 없는 자가 없게 되었다.

이거래의 잘못은 참으로 일일이 거론할 수 없으니, 우선 한 가지 일에 근거해 말하겠다. 이거래는 주자를 대놓고 배척할 수 없어, 주자가 배척한 것을 비호함으로써 주자를 배척했다. 그러므로 역사책에 있는 일을 견강부회하고 날짜의 순서를 짜깁기하여 "정자(程子 정호(程顥))는 일찍이 왕개보(王介甫 왕안석(王安石))와 신법(新法)을 논한 적이 없다."라고 함으로써 왕방(王雱)이 한기(韓琦)·부필(富弼)의 머리를 효시하려 했다는 설에서 벗어났다.[138] 이에 부

통변』「자서(自序)」에 "근래의 학자들이 유(儒)·불(佛)을 섞고 주자와 육상산을 분변하지 않는 것은 이설이 가림막이 되어 그 속의 시비가 실로 명백하지 않기 때문이다.[近世學者, 所以儒佛混效而朱陸莫辨者, 以異說重爲之蔀章, 而其底裏是非之實不白也.]"라고 하였다.

138) 왕방(王雱)은 왕안석(王安石)의 아들로, 자는 원택(元澤, 1044~1076)이다. 왕방은 신법을 반대하는 한기(韓琦)와 부필(富弼)을 미워했는데, 『송명신언행록(宋名臣言行錄)』에서 『소씨문견록(邵氏聞見錄)』의 다음과 같은 구절을 수록했다. "형공[왕안석]이 조례사를 두었는데, 처음에 정호(程顥) 백순(伯淳)을 등용하여 관속으로 삼았으니 정백순은 어진 선비였다. 매우 더운 어느 날 형공이 정백순과 대화하고 있었는데, 왕방이 산발을 하고 맨발인 채로 손에 부인의 관을 들고서 나와 형공에게 물었다. '무엇을 이야기하고 계십니까?' 그러자 형공이 '신법이 자주 사람들에게 저지당하므로, 정군과 의논하고 있다.'라고 하였다. 왕방이

득이 소백온(邵伯溫)139)을 망령되었다고 하면서 반드시 『소씨문견록(邵氏聞見錄)』의 글을 허위로 만들고자 하였다. 심지어 "평보(平甫)는 학사가 된 적이 없다."라고 하였다.140) 그러나 유독 평보의 시집이 '교리(校理)'라고 이름

두 다리를 쭉 펴고 앉아 큰 소리로 '한기와 부필은 저자에서 효수하면 신법이 행해질 것입니다.'라고 하였다. 형공이 급히 '네가 잘못되었다.'라고 하였다. 정백순이 정색을 하며 '지금 참정과 국사를 논하는 데 자제가 참여해서는 안 되니, 우선 물러가거라.'라고 하였는데, 왕방이 떠나려고 하지 않았다. 정백순이 이 뒤로 형공과 어긋나게 되었다.[荊公置條例司, 初用程顥伯淳爲屬, 伯淳, 賢士. 一日盛暑, 荊公與伯淳對語, 雱者囚首跣足, 手攜婦人冠以出, 問荊公曰: '所言何事?' 荊公曰: '以新法數爲人沮, 與程君議.' 雱箕踞以坐, 大言曰: '梟韓琦·富弼之頭於市, 則新法行矣.' 荊公遽曰: '兒誤矣.' 伯淳正色曰: '方與參政論國事, 子弟不可預, 姑退.' 雱不樂去. 伯淳自此與荊公不合.]" 그런데 이불은 『목당초고(穆堂初稿)』 권45 「『소씨문견록』뒤에 쓰다[書邵氏聞見錄後]」에서 소백온을 비난하고 왕방을 비호하면서 "소씨가 기록한 것 중에 사람들의 이목을 가장 놀라게 하는 것은 '왕원택이 신법을 논한 일에 대한 기록한 것' 만한 게 없다.[邵氏所錄, 最駭人聽視者, 莫甚於記王元澤論新政一事.]"라고 하였다.

139) 소백온(邵伯溫, 1057~1134)은 송대 성리학자 소옹(邵雍)의 아들이다. 소백온이 지은 『소씨문견록』은 소옹과 소옹의 벗들이 지닌 처세관 및 정치적 견해를 드러낸 저술로, 왕안석(王安石)의 신법(新法)에 반대하는 내용이 중심을 이루고 있다.

140) 평보(平甫)는 왕안국(王安國, 1028~1074)의 자로, 왕안국은 왕안석의 동모제(同母弟)이다. 『목당초고』 권45 「『송명신언행록』 뒤에 쓰다[書宋名臣言行錄後]」에 "평보는 관직이 대리시승(大理寺丞)에 그쳤으니 일찍이 학사가 된 적이 없다. 그런데 『소씨문견록』에서 '학사에게 정성(鄭聲)을 놓을 것을 청했다'라고 하였으니, 잘못되었다.[平甫, 官止大理寺丞, 未嘗爲學士. 『聞見錄』乃曰: '請學士放鄭聲', 謬矣.]"라고 하였다. 이불은 『송명신언행록』은 허위가 많은 패관에 불과

붙여진 것[141]은 생각하지 못했구나! 다른 사람의 흠을 찾고자 하되, 자신의 흠이 먼저 저절로 드러날 것이라고는 여기지 않았다. 그러므로 '무지한 이불'이라고 하는 것이다.

신유년(1801, 순조1) 3월에 『목당집』을 보고서 쓰다.

이 글은 청나라 학자 이불(李紱)의 『목당집』에 대한 독후감이다. 이불은 육구연(陸九淵)의 학문을 높였으며, 『주자만년전론(朱子晩年全論)』를 지어 주희의 설과 육구연의 설은 같은 점이 많다고 하였다. 일찍이 명나라 왕수인(王守仁)이 『주자만년정론(朱子晩年定論)』을 지어 주희의 설을 육구연의 설에 합치시킨 바 있는데, 이후 진건(陳健)은 왕수인의 주장을 비판하며 주희를 높이고 육구연을 공격했다. 이후 다시 이불이 등장해 진건을 공격하고, 주희가 만년에 결국은 육구연의 설로 귀의하려 했다고 주장했다.

유희는 이러한 이불의 견해를 강하게 비판했다. 유희는 이불의 여러 가지 문제점 중에서도, 사실 고증이 치

하다고 하였으며, 『송명신언행록』이 자료로 삼은 『소씨문견록』도 허위라고 주장했다.

141) 왕안석의 시집 이름이 『왕교리시집(王校理詩集)』이다.

밀하지 못한 점을 특히 문제 삼았다. 이불은 『목당집』에서, 『송명신언행록(宋名臣言行錄)』과 『소씨문견록(邵氏聞見錄)』에는 허위가 많다고 하였다. 유희는 이불의 이러한 비판은 전혀 근거 없는 말이며, 이불이 사실관계를 제대로 확인하지 않은 채 기존의 기록을 짜깁기해 억지 주장을 펼치는 것이라 보았다.

이 글은 기존 연구에서, 유희가 양명학자가 아니라 주자학자임을 증명하는 예로서 거론되기도 하였고, 유희가 양명학에 관심이 많았음을 보여주는 예로서 거론되기도 하였다. 사실 조선 시대에 주자학의 자장에서 온전히 벗어날 수 있는 사람은 거의 없었다. 따라서 이 글을 가지고 유희가 '철저한 주자학자'였다고 말하기는 어려울 듯하다.

유희는 표면적으로 주자학을 존숭했으나, 주자학을 묵수하지 않고 다양한 학문을 개방적으로 수용했다. 이불에 대해서도, 유희는 이 글에서 이불을 이토록 비판했지만 「은주혁명고(殷周革命攷)」라는 글에서 은나라·주나라의 왕조교체 시기를 고증할 때 이불의 설을 검토했다. 유희는 이불의 학문 경향을 비판하면서도, 이불의 학문적 성취 전부를 부정하지는 않았다. 이 글은 유희의 학문 범위가 폭넓었음을 보여주는 예라고 할 수 있다.

우주는 나선으로 돈다

螺旋說

역법가(曆法家) 김종협(金宗浹)이 나에게 자신이 저술한 것을 보여주었는데, 그중에 '나선(螺線)'이라는 말로 세차(歲差)를 상고했으니, 여러 사람이 그것을 듣고 이해하기 쉬웠다. 내가 이로 인해 그것을 부연하여 조화(造化)의 강령을 다 갖추어 설명해서 사물의 이치를 궁구하는 자로 하여금 깨달음의 단서가 있게 하려 한다.

움직이지 않는 사물은 쇠퇴하지 않고 오래도록 유지될 수 없으므로, 천도(天道)는 항상 움직인다. 가는 것이 그치지 않고 직진하기만 하는 것은 지치지 않고 멀리까지 이를 수 없으므로 천도는 순환한다. 순환해 가는 것이 한 바퀴를 돌면 다시 처음의 자리로 돌아온다. 그런데 지나간 것은 새로 오는 것이 될 수 없으니, 끝나고 시작하는 사이에 마침내 사라져 버리고 만다. 그러므로 천도는 정말로 순환하는 것이 아니라 실제로는 나선형으로 돈다. 나선이란 것은 한 바퀴를 돌아도 다시 처음의 자리로 오지 않으니, 끝인 듯도 하고 시작인 듯도 하며, 무궁히 새롭고 새로워져, 항상 나아가는 것을 보전할 수 있다. 오성(五星)의 순행과 역행은 작은 나선을 거듭하면서 한 바퀴를 돌고, 황도(黃道)와 백도(白道)가 교차되는 점의 차이는 한 바퀴를 거듭하면서 큰 나선을 이룬다.

작은 나선·큰 나선을 막론하고 나선은 이미 비스듬하게 돈다. 한 바퀴를 다 돌고 나면 다시 처음 시작한 곳을 만날 수가 없으니, 돌수록 점점 차이가 나서 갈수록 무궁하게 된다. 그렇다면 어제 해가 동쪽에서 떴다가 서쪽으로 들어가고 오늘 해가 동쪽에서 뜨면 마치 그 시작점으로 돌아간 것 같지만, 실제로는 궤도[躔度]가 이미 이동했기 때문에 영원히 다시 어제를 만날 수 없다. 정월에 달이 초하루에 생성되어 그믐에 소멸하고 2월에 달이 초하루에 생성되면 마치 그 시작점으로 돌아간 것 같지만, 실제로는 북두자루가 이미 회전했기 때문에 영원히 정월을 다시 만날 수 없다. 이 때문에 30일, 12개월이 모두 나선으로 돌아 그치지 않는다. 을년(乙年)의 봄은 갑년(甲年)의 봄으로 돌아간 것 같지만, 나무는 나뭇가지가 더 자랐고 풀은 씨앗과 열매가 교체되었으니, 영원히 갑년의 봄을 다시 만날 수 없다. 한(漢)나라 초기는 주(周)나라 초기로 돌아간 것 같지만, 주나라의 소공(召公)과 필공(畢公)은 이미 무덤 속에 들어갔고 주나라 도읍 풍호(豐鎬)는 이미 황무지가 되었으니, 영원히 주나라 초기를 다시 만날 수 없다. 이 때문에 천추(千秋) 만세(萬歲)가 모두 나선으로 돌아 그치지 않는다.

옛날 사람과 지금 사람은 모두 나선 가운데에 있어 갈수록 점점 변해서, 끝나고 시작되는 한계점을 볼 수가 없으니, 이에 '천지가 소멸하고 개벽한다는 설[消天開闢之說]'142)은 단지 순환의 경계만 본 것이요, 낮과 밤·그믐과 초하루가 변하는 듯하지만 변하지 않는 법칙에는 통달하지 못한 것임을 알 수 있다. 더구나 고루한 자가 억지로 삼대(三代)의 풍속을 만회하고 양한(兩漢)의 문장을 따르려고 하면서 스스로 "나는 옛것을 회복했다"라고 하니, 조화의 강령(綱領)을 알지 못한다는 것을 많이 드러낼 뿐이다.

유희는 김종협(金宗浹)이라는 역법가(曆法家)로부터

142) 송나라 소옹(邵雍)의 원회운세설(元會運世說)을 말한다. 원회운세설은 하나의 태극(太極)이 음양(陰陽)·사상(四象)·팔괘(八卦)·육십사괘(六十四卦) 등으로 발전하는 것처럼, 이 세계 역시 '원회운세(元會運世)'의 주기에 따라 생성하고 소멸하는 현상을 보인다는 이론이다. 원회운세설에 따르면, 30년이 1세(世)가 되고, 12세가 1운(運)이 되고, 30운이 1회(會)가 되고, 12회가 1원(元)이 되어, 총 12만 9천 6백년이 되는 1원 동안에 우주가 한 번 생성되었다가 소멸된다고 한다.

천문의 나선형 운동구조에 대한 설을 듣고, 이 설이야말로 천지조화의 강령(綱領)을 제대로 설명한다고 여겨 이 글을 지었다.

유희는 천도(天道)가 끊임없이 순환하기는 하지만, 하나의 주기가 끝난 지점에서 다른 주기의 시작점이 정확히 반복되는 것이 아니라 나선형 형태로 순환한다고 생각했다. 구체적으로 말하자면, 오성(五星)의 순행과 역행은 작은 나선을 그리며 돌고, 해와 달은 황도(黃道)와 백도(白道) 위에서 큰 나선을 그리며 돈다고 본 것이다.

나선설에 의거하면, 일월성신의 새로운 주기가 시작될 때 언뜻 보기에는 마치 이전의 시작점으로 돌아온 것처럼 보이지만, 일월성신은 나선형으로 돌기 때문에 실제로는 이전의 시작점에서 벗겨나 있다. 따라서 오늘의 시작점은 결코 어제의 시작점이 아니며, 올해 봄의 시작점은 작년 봄의 시작점이 아니다. 한 번 지나가 버린 시작점은 영원히 다시 마주할 수 없다. 유희는 이러한 논리를 확장하여 역사에 대입해서, 새로운 왕조의 시작점은 옛 왕조의 시작점과 정확히 일치할 수 없다고 보았다.

유희는 시간이 정확히 반복되는 것이 아니므로, 시간의 반복 주기가 끝날 때 만물이 소멸했다가 새로운 주기의 시작과 함께 천지가 다시 시작된다는 설, 즉 소옹(邵雍)의 '원회운세설(元會運世說)'은 성립할 수 없다고 보았다. 위 예문에서 언급한 '천지가 소멸하고 개벽한다는 설[消天開闢之說]'은 바로 원회운세설을 가리킨다.

유희는 원회운세설을 비판하는 동시에, 역사의 순환·반복도 부정했다. 과거의 시간은 결코 다시 반복되지 않으므로, 예전 풍속과 문장을 결코 그대로 재현할 수 없다. 따라서 유희는 예전 풍속과 문장을 회복하려는 '복고(復古)'는 무의미한 일이라 보았다. 유희는 천문 역법론에 기반해 역사의 순환·반복을 부정하고, 다시 풍속과 문학에 있어서의 복고주의(復古主義)를 부정하는 데로 나아갔다.

원문

원 문

제1부

- 『方便子文錄』卷1「左顧箴【左顧改過, 右瞻遷善, 貼之東西壁】」

聰明若害心, 不如糊突; 技藝若害行, 不如鈍劣; 言論若害事, 不如吃訥; 聲名若害身, 不如埋沒. 權詐者, 必中奇禍; 好勝者, 必遇强敵. 行乎怠惰之路, 終歲不見樂地; 溺乎貪濁之水, 終身不得安宅. 爾無曰異端最在佛老, 佛老之工夫, 猶勝爾之悖惡; 爾無曰賤物最在禽獸, 禽獸之天眞, 猶勝爾之喪梏. 少也, 晝而不進; 及長, 自求隱僻. 儒衣儒冠, 其中盜賊, 失我本性, 只存面目. 百邪攻心, 日夜勞碌, 暫時僥倖, 曹不知辜辟. 非徒爲識者之所棄, 亦將受上帝之誅殛.

- 『方便子文錄』卷1「右瞻箴」

狂者易乎蕩, 矜者易乎忿戾, 旣蕩且忿戾, 狂矜之爲弊也. 非不能直, 直而不能溫; 非不能簡, 簡而不能無傲. 欲思之道, 所貴乎無邪; 欲勤之道, 所貴乎不躁. 有其一而無其二, 是謂偏倚之病. 雖然, 非知之難, 行之爲難, 『易』曰: "汔至亦未繘井."

- 『方便子文錄』 卷1 「獨窩記【己未六月】」

近也比, 遠也相求, 萬物皆有其與, 而此忽不然, 孑孑孓孓, 彳彳亍亍. 左之而無右, 右之而無左; 前之而無後, 後之而無前; 已往而無啓我者, 未來而無繼我者; 生而無族, 長而無友; 塊然如陰陽動靜未分之前, 突然如詼奇譎詭旣通之後. 以之心則愼, 以之身則立, 以之天下之事則斷, 言而不能行, 行而不能言者, 俱非斯道之正.

或者怪其影, 驚其響, 遂以爲全體之疵, 則誤爾. 杜五郎之坐, 屈子平之行, 陶泉明之飮, 陳履常之吟, 司馬君實之樂, 各得其一體, 我乃兼之, 遂以爲東屯茅屋之名. 名者實之賓也. 今與實稱矣, 何賓之有?

- 『方便子文錄』 卷3 「手病【六月】」

余有手二, 偏任其右, 平日以是療人病, 以是酬人書, 以是勞人事, 自不計爲幾千百度. 今夏右手病, 兩朔不用, 塊然坐痛, 殆是一能言能食之尸. 平日之爲施, 雖非以睎其報, 然人苟欲報, 宜在此時. 人尙無有爲之救療者, 爲之書問者, 爲之代勞者. 况或有幸是之病, 奪余事者? 又安知不有陰詛是病, 願終不差者? 然後始悟有施不報之莫人若也.

少日嘗見一稗說中, 山之狼爲獵逐, 丐匿於客, 獵旣過, 欲噬客, 客與狼, 約訟諸三老. 先訟于老杏, 杏曰: "吾主人以吾實而富, 及吾老無實, 今將伐之. 人固少恩, 可噬也." 更訟于老牛, 牛曰: "吾主人以吾耕而富, 及吾老不耕, 今將屠之. 人固少恩, 可噬也." 終訟于老人, 客幸免焉.

夫狼牛無知, 杏無情, 烏可與語而訟之判之也? 特人有憤世之少恩者, 寓言之其志, 可悲也. 及今余病而思之, 寓言者, 其殆狹乎! 余之療人病而不受療, 酬人書而不見書, 勞人事而不使勞, 甚至於幸之者有之, 詛之者或不無之, 則憤人之少恩, 應莫如余. 余猶解之, 以爲不療我, 近地無醫也, 不書問, 遠方未聞也, 不代勞, 余性不肯任人以事也.

幸之者, 有利於己也, 詛之者, 余之失仁也. 試觀富貴多務者之病, 爲之救療書問任勞者甚多, 皆由相關於目前, 不然則有倖於日後, 以其人之富貴多務故也. 又其幸之詛之者亦多, 皆由有競於目前, 不然則有圖於日後亦以其人之富貴多務故也. 幸之詛之者之心, 初曷嘗不仁於爲之救療書問任勞者乎?

又觀貧賤少事者之病, 爲之救療書問任勞者絶少, 皆由不關於目前, 亦復無倖於日後, 以其人之貧賤少事故也. 又其幸之詛之者亦少, 皆由無競於目前, 亦復無圖於日後, 亦以其人之貧賤少事故也. 不幸不詛者之心, 初曷嘗不薄於不爲之救療書問任勞者乎?

余貧賤而多務者也. 宜其救療書問任勞者少, 幸之詛之者多. 夫何足斥人之不仁, 恨人之薄也哉? 是故手病少間, 復療人之病, 復酬人之書, 復勞人之事. 於我乎中山狼者, 非可一二數, 不可盡以少恩責之. 嗟乎! 施吾之道也, 不報人之爲也. 吾盡吾道而已, 人之爲不爲, 勿管焉爾.

• 『聞見隨錄』中 85條目

余少也多夢, 旣覺而必中. 惟是之爲苦, 近年務忘夢中之事, 不以告諸人, 旣而果無夢矣. 間或有之, 覺輒不能記, 如是者已過十年. 惟是之爲悵, 又務理夢中之事.

壬申夏, 僅得一夢. 夢入京城, 徒行艱步, 有人借軺軒, 余乘之. 至一巷, 甚狹而轉灣, 不得已舍之. 又有人告以東峽山中, 有版外之居, 穀菜魚鹽, 皆可辦用, 遂欣然從之. 纔入洞, 遇大風, 惡疾者數輩爲之導, 蓋仙類也. 又到一谷, 惡疾者俱入空闊, 念呪不卽出, 余遂未究而寤焉. 噫, 此吾平生也.

仍爲小賦而自矢曰: "求高車兮, 妨路隘, 尋絶壑兮, 同佯懈，躊躇中途兮，夜已邁．翻然而悟兮，感神告之如晝．伊余之平生兮，常在倀倀之界．庶無以他想兮，待一夢之自解．”

제2부

• 『方便子文錄』 卷1 「喜懼錄序」

親年之老矣，吾之心，忻忻衎衎，不自勝其爲幸，古君子命之曰喜．親年之老矣，吾之心，懼懼屬屬，不勝其爲慮，古君子命之曰懼．苟當是二者，其事固可志之也．近人之生日，重矣，必欲設饌而延客，況其親降世之舊辰乎！旣而設饌矣，旣而延客矣，又從而有詩，向所謂志之者斯耶！

如徽者，不孝甚矣．早違大人，不克多承教誨，以述傳家之志業．事一母，未能養其志，恒使其憂戚顯于色，家貧甘毳闕焉．又未能屈意於關柝，盡力於犁鋤，非徒不究，亦不畜也．是烏鳥之不若也，所謂志之者，不已不誠乎？雖然，吾母之德，不可不志也．

其女也，自通經史，湖人稱之爲聖女．其婦也，事姑甚謹，言語非問不敢出口，飮食非賜不敢入口，蓋八年如一日也，宗族稱之爲孝婦．其妻也，日與講論古人，得官而未嘗喜, 惟助之廉, 失官而未嘗怨, 惟助之歸田, 京師士大夫稱之爲令妻. 其母也, 親授訓詁, 拘行止, 勿敢放縱, 猶憂其不肖不可用於時世, 則使之幷與科宦而絶之, 譏人稱之爲嚴母. 夫天之降祥, 不于善人則已, 若于善人, 則不以吾母驗, 而何驗乎?

己未, 吾母降世之舊歲也. 春夏大旱, 秋大雨以風, 人無復有望于農, 及穫竟大熟. 十二月降世之舊月也. 吾母素康寧, 惟近日頗患臂痛, 及是時自瘳. 五日, 降世之舊日也. 入冬以來, 不風不雪, 天暄與深春, 旣過是日, 而仍大寒. 如儆之不孝者, 而尙有是也, 則其非吾母之德之收致乎? 此誠不可不志也, 遂幷宗黨賓客之詩, 成什而名之曰, 喜懼錄. 晉州柳儆序.

- 『方便子文錄』 卷1 「胎敎新記附敍」

母氏在室, 習經讀, 我外王考曰: "觀古名儒母, 無無文者, 吾且聽女." 及歸我家, 裒取前哲起居飮食諸節, 暨醫書孕婦禁忌, 末附經傳可敎孺子句語, 解以諺文, 成一冊子, 爲勿忘之工, 我先君手題卷目曰『敎子輯要』. 旣育不肖等四男女, 冊子遂如得魚之筌.

二十有餘歲, 復出四姉箱中, 母氏歎曰: "此書要以自省, 初非以胎, 後旣偶存, 到爾手, 定不毁棄. 夫養蒙聖功, 自三日孩名以下, 備見傳記, 無庸吾更添. 獨腹中一教, 古有其事, 今無其文, 已累千年, 巾幗家, 曷從自覺以行之? 宜生才不逮古昔, 無徒氣化尤也. 吾自恨女子無以致讀書益, 更恐負先人意. 嘗試之胎教凡四度, 果爾曺形氣無大盭, 此書傳于家, 豈不亦有助?"

於是削去末附, 只取養胎節目, 反復發明, 務牖世迷, 命之曰『新記』. 以補少儀內則舊闕也. 篇完後一年, 不肖節章句, 釋音義, 適于母氏劬勞日斷筆, 亦異哉! 謹以一語尾之曰.

嗚呼! 觀此書然後, 知儆爲自賊者爾. 人但有善性, 猶君子責使其充, 況氣質未始不粹乎? 此書則儆厥初受也, 爲教十月如是其摯. 儆在孩提, 不無少異, 及孤以還狼狽焉顚覆焉, 一至今日焉. 今日鹵莽, 豈由我父母? 迺由儆自賊者爾. 由儆自賊者, 晦盡我父母劬勞, 使世人談生子不肖, 何我父母誣也? 此此書不可不傳, 庶觀者, 閔我父母菑無穫也.

元年辛酉, 三月二十七日癸卯, 不肖儆謹識.

• 『方便子文錄』卷2 「跋徐姊錄母夫人德行【四月二十日】」

此吾敍姑母李尙書婦人之德行, 而其女徐內之所述也. 吾姑母, 今齡八十三, 令聞尙未艾也. 表姊之遽以爲文, 何也? 昔漢太史遷已著武本紀于其朝, 近日金尙古堂生時, 李圓嶠爲撰其墓誌. 蓋紀事之體甚重, 而得其人爲尤難, 故或慮夫一朝鉅手先亡, 遂無所托其不朽也. 表姉雖非自詡以史遷與圓嶠, 今觀此文, 始終一以精當的實爲意. 以吾姑母之口碑滿世, 至登於天聽者, 及驗所錄, 其不震耀而張皇之如是, 則可見表姉之心, 以爲一髮不似, 便是別人, 而不可以斯任委諸他氏之手也.

表姉不幸新有晝夜之哭, 因成膏肓之祟, 自度其難以復起, 而大兄已亡, 三姪未壯, 母夫人平生淑哲之行, 將無以流傳於雲仍, 故乃有此不得已之筆. 然見者莫有知其苦心也, 儆爲之一言以暴之, 又因此而竊有所歎焉.

凡人之才志, 非稟得至清至粹之氣, 不能爲之良也. 天地之間, 時有至清至粹之氣, 散而爲和風祥雲嘉卉珍禽, 其種于人, 無多矣. 旣一有之, 則理宜其成就而發揚之, 以無負種之之本意. 而如吾表姉, 以若斯之才, 若斯之志, 身爲女子, 初不能成就其什一, 又從而畸之纓之, 大非所以發揚之道. 其以得人之所求得, 而不可以兼有, 亦猶以翼而無前足, 以角而無上齒者乎? 抑以大運之數, 已過午矣, 猩猩者常縮, 闒茸者常贏, 一線福善之理, 卒無以挽回此數歟?

夫吾姑母之富貴壽考, 爲一世最者, 雖有少憾乎晩景, 而猶不害爲造物之厚酬也. 嗟乎, 今天下之累萬民生, 能不失幼時之期望者, 果幾人矣? 吾不獨於表姉乎恨之.

歲丙寅孟夏中旬, 內從弟晉陽柳徽謹跋.

• 『方便子文錄』 卷3 「祭婦文【全州李氏】」

惟歲甲戌十二月五日辛酉, 夫柳儆哭祭于亡室李氏之藏曰.

嗚呼! 靈之棄世, 已六朔矣, 儆之聞訃, 亦已百有餘辰矣. 日對寒山, 落葉無根, 夜倚虛窓, 飛雪滿庭. 感生命之難持, 想逝者之抱恨, 無窮存愧, 愧爲人夫, 蓋逾久而逾不能自釋也.

嗚呼! 庚戌之遇, 非所匹而匹者, 靈固已知之矣. 自庚戌迄于玆, 二十有五年, 而儆與靈, 三合而三離, 雖有乎因緣之吝, 實不能使儆而悔亡也. 儆在初年, 不安於甥館, 因彼此紕繆之故, 而靈不克終養我母, 乃勢之所宜有者, 則無論孰是而孰非. 眞所謂因緣之不吉, 人倫之末失也. 而儆之忿戾, 靈之不慧, 不幸而當之矣. 雖然, 始也則以嬌客而不能, 終也則爲家長而不爲聾, 此儆之所以存愧不能自釋者也.

嗚呼! 卜姓而取者, 無子也; 移家而忘者, 爲貧也, 實俱非薄靈之故. 而若使恩情摯篤, 寧至有斯? 斯所以謂不能使悔亡也. 宅峽以后, 再入城而再逢靈矣. 儆性本不喜囁囁, 未及受靈之訴苦臆而敷恨腸. 然使嫁女復還親庭, 爲兄弟笑, 爲行路惻, 僘寧不自知其過? 是以今春之會, 約以少須與重圓, 誰料其一宵之面, 竟成千古百年之盟, 遽付他生耶?

嗚呼! 僘賤靈貧, 皆常事, 無足恨者. 猶以貧賤之致, 因緣之不吉者, 尤著其驗, 人倫之末失者, 遂無以彌縫, 此又愧之中, 增一愧也.

嗚呼! 己巳之別, 靈呼特兒, 使他日將母, 特兒尙未及長成, 當時一語, 令聞者鼻酸而喉澀, 人生浮脆, 若是乎難持也.

嗚呼! 靈以六月念後卽遠, 僘之夢靈, 在於卄六, 旣三日, 而凶服至. 無乃以靈之一念久結丹陽, 猝因結帛之不成, 遂在歸依於半千里之客鄕耶? 僘本無夢, 又不曾夢靈於平時矣, 卄六一現, 定非偶然之魂交. 然則靈已在丹陽之屋霤歟! 如或未赴, 今可隨僘而東爲.

嗚呼! 靈之病在遠, 不得試吾之藥治, 靈之訃已晩, 又未能撫尸而視斂. 疫氣難犯, 媒事屢掣, 遷延奔哭, 奄至于今日, 其間百有餘辰. 僘曷嘗片時而自寬乎? 惟以事機之所係, 情勢之所使. 恝然無情, 竝死生, 亦若忘之, 此實爲僘逾久之愧也.

嗚呼! 龍仁之鄕, 靈所食貧之土也. 誓將牽紼歸瘞, 以少慰前日未反之恨, 而饑年客鄉, 姑俟開春. 靈旣發於蜃, 而安於叢矣, 輤櫛之早晩, 庶諒儆之境界. 而族館寒日, 無以備鼎俎, 則脯朐果核, 亦未足以格靈歆. 至於此等, 尙不免愧字, 果儆愧之無所不在也.

摠以看之, 夫婦之誼, 寧有幽明之阻? 儆之一心, 天可表而靈已照矣. 此身所愧, 終不敢自釋, 而靈亦當以命之一字, 消恨於冥冥之際也. 告神之文如此, 其呑吐, 儆之情苦矣, 靈之命哀矣. 嗚呼哀哉! 尙饗.

- 『方便子文錄』 卷3 「祭伯氏文【通仕郎公諱侊】」

歲次甲戌十二月丁巳朔初十日丙寅, 弟儆謹因初虞哭告于伯兄之靈曰.

嗚呼! 弟來矣, 我兄其不知耶? 兄亡而弟未訣, 弟來而兄不知.

嗚呼! 其天耶人耶? 命敎之所至, 人無得以推挽耶?

嗚呼! 天之不弔于故族, 未有如吾家之甚, 而蓼辛董苦, 又未有如吾身之備. 嘗者欲思而淚迸, 欲說而臆塞, 固不能以詮次而條陳也.

嗚呼! 在吾先親之世, 吾家之不幸, 中間有二十年矣. 以吾先人之才行, 旣不得一試於時, 又從而梗枳二十年, 則家中之氣, 定不以順而應之, 感其悽然悄然之氣, 宜乎其祿命之不厚. 故吾兄弟姉妹之降生於兩乙之間者, 皆莫不嶔崎坎壈, 方困而未已也. 況弟與兄, 以嶔崎不厚之祿命, 當鎖尾漸衰之門戶, 平生所經, 不啻爲人情所不堪而已.

嗚呼, 兄之早哀, 弟之早孤, 一也. 壬癸之際, 諸家俱遭長之喪, 加之以疫癘饑饉, 庄土焉賣盡, 骨肉焉散盡, 此則我兄之處事, 有所不盡分而然也. 甲寅之間, 以縷絏而貽兄憂, 己巳之後, 以搬移而遂不終弟道, 此則弟之咎, 烏敢有辭也?

嗚呼! 以我兄之寬柔正拙, 少也, 而不自現于世, 老也, 而食貧沈病, 以至于今日. 此豈非門戶之所關而命數之攸使耶?

嗚呼! 河魚之疾, 吾家之所讐也, 弟豈不料我兄之爲末疾也? 猶以至愛所蔽, 或蘄其延至于周甲之壽也. 矧弟之昨今兩年, 可謂一生之最深百六也. 外苦於群慍, 內困於屢空, 實難以離親啓行於半千之地. 而今春晉拜, 幸其有少瘥之色, 誰料數日之守, 竟成千古之恨也? 長夏之妻喪未赴, 三秋之婚議莫決, 脂牽中止, 不知爲幾度. 及今方發, 而竹便之凶音已來矣.

嗚呼! 我兄之年已免夭矣. 更享幾歲, 別無所期望, 而一朝捨世, 不再見慘荒, 則自疎者論之, 必不以爲極愕極痛之喪. 但以老母在遠, 一女未嫁, 而呱呱之聲, 又滿室矣. 兩莊兒之侍湯致喪, 僅爲我兄食窮之報, 而一門之內, 依恃無人, 日後婚媾之禮, 訓誨之責, 必待弟之還鄉, 然後乃可也. 我兄我兄! 今旣爲神明矣, 幸爲弟, 除之梗而使任意做事, 助之資而使挈眷復路. 不亦爲門戶起衰之漸, 而命數之轉環, 或有其術也耶?

嗚呼! 斂手足懸棺窆, 猶不害爲兩兒之孝, 而弟之來哭, 誠無所泄其慟之萬一. 然麤糲淡蔬, 生而已共其貧, 則薄脡乾核, 靈亦應恕其菲矣. 嗚呼哀哉! 尙饗.

제3부

• 『方便子文錄』 卷1 「逍遙子詩稿序」

余家馬山之里, 有匠氏來隣焉. 余觀匠氏善用杏根爲材, 廣托樵人, 必求其在水傍石岸, 氷雪之所聚, 斧鐮之所尋者, 伐之. 怪而詰之, 則曰: "杏, 文木也. 而華實亦美, 天道不兼與. 故生於沃土, 宰然而長者, 外有華而內無文. 若立於瘠惡之地, 歲久不能長者, 始有文理加之, 根與石遇, 盤結輪囷, 而文理益美. 又加之激波侵齧, 其根半藏半路,而向之美者, 不一其形也矣. 況復巨斧長鎌, 日落其條肄, 地上之斷, 如束簫管, 則津液專于內, 而向之不一者, 於是乎堅矣. 更以夏之雷雨, 冬之氷雪, 滌濯之, 埋覆之, 天地眞精, 感薄于一朶, 而向之堅者, 無復歪坼蠹壞之慮矣. 此所以爲必求而愈難得也."

余問曰: "子以爲外華者, 與內文者, 孰多?"

曰: "杏樹之壽, 不過數十歲. 善長而華, 似不下遇災擁腫者. 然不久朽敗, 與朝菌靡草, 汩沒於糞壤之中, 螻蟻焉是巢, 野火焉是灰. 夫何足比於斲而削之, 礱而瑩之, 大而爲輿板牀辨, 小而爲刀柄鞭幹, 値價千萬, 擎玩於貴公子之手, 歷世不泯者哉?"

余乃仰天歎息曰: "此吾所以不能無憾於造化也. 何獨木之爲然? 人之能文者, 亦恒存於憂愁感慨抑鬱之士. 惟其憂愁也, 其文悲涼, 感慨也, 其文放肆, 抑鬱也, 其文頓挫. 文之愈奇, 其身愈困, 雖使之留名百代, 復何如無災無難, 以享一生而已哉?"

匠氏勃然曰: "子之言, 過矣. 吾爲文杏, 而矜憐不文之木, 又當爲文章之士, 矜憐不文之人, 區區榮悴, 子何可歎爲?"

余聞是語, 未數日, 尹友仲和, 以詩稿來示. 此友之詩, 不多年, 而體格已三變矣. 每經困苦, 輒一出奇, 所以能奇者, 有使之然也. 詩不與困苦相期, 而當其困苦之時, 酒不足以酡, 歌不足以狂, 末乃繼之以詩, 循至於悲涼放肆頓挫, 而不自知也. 余曾悲此友之志, 及今徵序於余, 無以塞其請, 遂書與匠氏問答, 以歸之.

丙辰五月朏, 晉陽柳徽序.

- 『方便子文錄』 卷1 「送尹仲和赴海西序」

夫喜談其所嗜, 而不喜談其所不欲, 人情之必然也. 今有兒子, 自言嗜菜蔬厭魚肉, 則其母必與之菜蔬. 乃從而怨之曰: "不與我旨味"云爾, 不亦悖矣乎? 余嘗怪世之論者曰: "文人詩客, 得天之第一吝惜, 遂爲其所猜, 以有此窮困也." 爲是語者, 亦何以異於兒子之怨乎? 文章, 固天之所大愛護也. 俗子自其心度之, 以爲天亦具猜剋之性, 是豈謂天欲使一世日就貿貿, 至於戳塞而後已哉?

天爲爲文章者, 設山丘以聳其氣, 設湖海以洩其志, 設花鳥雪月, 往往佳節, 以借助其資料, 猶恐有一事或不中其願. 而顧文章者, 乃曰: "富貴可陋也, 貧賤可樂也, 淸孤可尙也." 非徒擧之於口, 而又筆之於書. 以彼天愛護之心, 曷不去其所陋, 而與其所樂所尙矣乎? 是猶伯夷之成仁, 君平之棄世, 自取也, 非天薄之也. 固當福享其困窮, 叩頭謝天, 如胡九韶可也. 安敢少發怨恨, 自陷於忘恩之罪哉?

余常常以是慰釋百代文章之遺靈. 今送仲和赴海西, 有不能夷然, 故爲文以贈之.

歲戊午二月晦, 觀靑農夫.

• 『方便子文錄』 卷2 「原禍福」

天以禍福持人. 人之智者, 亦說禍福以持愚者, 蓋亦不一其端矣. 然祿命之說, 窮於雙生, 相貌之說, 窮於殘形而後, 風水之說出焉. 上世人死, 則棄之中野, 近古易之以葬理, 猶無尋崗擇穴方位月日之術. 然世道之隆, 人才之盛, 視今不翅倍蓰, 則其說不勞破, 而自破矣.

釋氏之說, 又甚巧也. 今生之禍福, 是前生之善惡, 今生之善惡, 待後生之禍福. 彼欲使耕者, 不知所穫, 穫者, 不知所耕, 欲破其說, 而無所取以爲驗也. 雖然, 前生後生之稱, 固已誣矣. 況謂上天之至健, 曾不少管于其生時, 及其形質旣變之後, 追成所不自知之獄, 獨使釋氏乘其暗昧, 而占其賄賂哉?

天主學之說, 彌近於理. 善人無福曰: 一念之惡, 惡人無禍曰: 一念之善, 是病禍福之未能盡合, 强立別籌, 而追其變也. 雖然, 上天之至公, 豈忍捨其全體之善惡, 只欲發一念之隱伏, 反不當其賞罰哉? 纔禁虛思之小邪, 而遽勸實行之大惡, 吾知其爲最下策也.

夫禍福善惡, 必然之理, 徒以天之所以福之禍之者, 亦已多術, 愚者眩焉, 而或未之及察也. 蓋上帝生物之心長, 殺物之心短. 是故惡人之禍, 只懲其死, 善人之福, 留與後代者有之. 造物之所大惜者, 名也, 利爲之其次. 是故陰德陰慝之受報, 必先於大善大惡者有之. 苛責君子, 而疎待小人者, 鄕塾先生之亦所能之也. 是故克治其心者, 與之憂戚而成之, 自暴其身者, 厚其凶惡而罰之, 殆同興國之災亡國之瑞者有之.

曾晳, 則羊棗美于膾炙, 倪雲林, 則糞穢慘於死喪, 何謂之吉凶? 其所趨避者, 是也. 是故成人之仁而不幸其終, 暴人之詐而不與死所者, 有之. 運數之係於一世者大, 係於一人者小. 是故國家之季, 善人不免窮夭, 而惡人獲保利達者有之. 禍福之爲術, 若是甚多, 而苟求其故, 畢竟歸於善惡一也.

書曰: "惠迪吉, 從逆凶", 吉凶之大致, 如斯而已. 子曰: "人之生也直, 罔之生也, 幸而免." 往往有不合者, 如斯而已. 惟愚之民則不然, 吾所愛者, 未及如祝願, 吾所憎者, 未及如詛罵, 則初不視平日之履, 以考諸平日之祥, 而輒有怨天之言焉. 斯所以禍福不信之論, 大行於世, 而異端雜術, 得以其說間之也.

• 『方便子文錄』卷2「功過格辨」

君子之論人, 不以其所爲, 而以其所以爲爲, 論其所爲, 則田氏之重散輕斂, 得爲仁, 而齊桓之尊周攘夷, 得爲義矣. 論其所以爲爲, 則凡修其天爵以求人爵者, 皆非君子之所與也. 古之聖王, 以佚道而勞民, 以生道而殺民. 夫勞民殺民而不爲虐者, 以其所以爲是之心, 將以佚之生之也. 若異端之所爲, 亦未嘗不有善, 而其所以爲善之心, 異於古之聖王, 故并與其所爲, 而不得爲善也.

釋氏勸化之術, 有曰功過格者, 以爲人於佛前, 發某願, 誓行善事, 幾千若萬, 功圓而願中, 則佛乃操右劵, 而責其回向之報焉. 格之爲言, 猶例也. 如是如是者, 爲功幾分, 如是如是者, 爲過幾分, 人之旣發某願者, 日修其行事之曆, 合於功例, 則書之, 合於過例, 則亦書之. 旣久之後, 將功補過, 計其餘得滿幾千若萬之數, 是之謂圓. 而其言又曰: "凡受賄而爲善者, 屈于勢而不爲惡者, 不在功例." 此固不幾於吾所謂不論其所爲, 而論其所以爲爲者乎?

然而吾有大笑之. 夫受賄爲善而不得爲善, 豈不以其心之在求利, 而不在爲善也耶? 屈于勢不爲惡而不得免惡, 豈不以其心之在畏罪, 而不在不爲惡也耶?

今釋氏之所以誘人者, 不過福田也, 所以嚇人者, 不過地獄也. 夫人也, 亦欲立福田之功, 而矻矻爲善, 欲免地獄之過, 而兢兢不爲惡, 求利而畏罪, 一也. 彼乃曰: “求賄之利者, 不得爲善, 而求福田之利者, 得爲善, 畏勢之罪者, 不得免惡, 而畏地獄之罪者, 得免惡.” 卒以是, 欺天下之愚夫愚婦. 彼愚夫愚婦, 方且察於小, 而蔽於大, 不知其求利而畏罪之實, 未嘗不同也. 斯又莊生所譏, 竊鉤者誅, 竊國者爲諸侯, 諸侯之門, 仁義存者也, 曷不大可笑哉?

其徒至引孟子之言曰: “禍福無不自己求之.” 夫善而福, 惡而禍, 釋氏之所爲, 亦孟子之所爲, 而若其所以爲爲, 則孟子曰: “爲善而福至, 爲惡而禍至”, 釋氏曰: “求福而爲善, 畏禍而不爲惡.” 此不已謬以千里哉?

或詰之曰: “孟子之心, 信如無意於禍福, 則其云求之者, 何如?” 對曰: “知善之必能致福, 而猶不讓善於人, 知惡之必能致禍, 而猶不去惡於己, 是亦無別乎自我而求之也云爾.” 若必欲執一求字, 以牽合於釋氏之發願, 則天下萬世, 寧有求禍之情哉? 余於此類之說, 本不欲呶呶與之爭也. 但不忍孟子之爲, 援於異端也, 特語其不然, 兼詳君子所以論人之法.

제4부

• 『方便子文錄』 卷2 「聞醫」
聞醫而後作, 吾其病者歟!

客有以醫之說告否翁者, 曰: "夫庸醫無功于世, 必將解曰: '非術也, 遇疾之難也.' 雖然, 醫之獲名也, 恒於難疾, 安知汝之所以憾于天者, 非天之致意以成汝耶? 致意于汝, 而汝卒不成, 則天之意勞矣, 安知天之反不汝憾耶? 天迺任汝以易疾, 雖汝有功, 世非盡孺子也, 其誰肯德汝? 汝若又無功, 厥將何以自解? 然猶不憾于天? 殊不知天以易疾, 暴汝之短, 而噤汝之呶呶也. 且夫醫術之設, 爲何乎? 苟皆避疾之難, 而惟易之趨, 人無所用汝, 汝亦無以現於人矣. 汝將自幸於易疾, 而棄其難於人乎? 人獨何罪, 汝獨何私也? 若不自咎其不能, 惟遇難疾是憾, 則所以致難者, 將在汝, 而所以去難者, 終無以自至矣."

翁曰: "子醫之說, 而吾以道聞, 可乎? 疾本無難, 庸醫自以爲難. 自以爲難, 而難之遇滋多. 我苟孝矣, 何親戚之難悅? 我苟忠矣, 何朋友之難信? 我苟寬矣, 何妻妾之難御? 我苟莊矣, 何子弟之難教? 我苟誠矣, 何事物之難應?

我苟安矣，何貧窶之難堪？我苟直矣，何橫逆之難待？我苟泰矣，何患難之難處？疾之勢，在彼，毉之道，在我，我爲我道而已．又焉計彼勢之難易？"

客曰："善哉!"

• 『方便子文錄』卷3「盲人【丁丑三月】」

盲人，信相木，度石梁，卒無有失焉，有目者，反往往顚躓，此任之目，彼任之心也．若使能視者，闔其目，而度之梁，則心專於闔，不暇專於任，目與心俱不爲用．故不能移一武不得，與盲人似一與不一之分也．

昔闡季父之女，爲叔仲恭子之子婦，以善織名於魯．恭子隔堂室，聽杼聲，其滑如丸落，其均如螽動，其節促而不絶，如江瀨瀉而樹葉振也．恭子愛之，莅其機而觀之．婦見其舅之觀之也，調杼之妙，忽失其故，一擲一逸，久不能成寸，恭子退而疑其然．或讒之曰，"是婦也，弄虛杼，市帛以衒之矣．"婦遂黜，是過任其心之害也．

士大夫平居，談義理論時世，綜密洞快，未始或差一髮遺一算．及使之坐高位當大務，利害動乎心，得失眩乎目，茫然不知所當爲，大不若傍觀之倥倥也．故曰："好察邇言．"又曰："詢于蒭蕘．"夫邇言與蒭蕘，於古聖王，不啻爲無目有目之別，猶且好察而必詢之．以彼之任心於一，不可以無知易也. 吾乃自任吾見之明, 强欲三思以斷瞽然之事, 其不失於石梁之危者, 幾希, 戒之哉!

• 『方便子文錄』 卷2 「剁匠對」

否翁步于庭, 有一蔽陽而挾袖者, 過焉. 止而及之談, 俄而客到, 愕然曰: "此廣州剁匠巨福也. 君胡對坐?" 巨福勃爾怒曰: "剁匠, 亦人耳. 奚而不對坐?" 翁曰: "剁匠, 業殺生, 君子不仁之." 曰: "獵而殺麋鹿以爲豪也, 釣而殺鱅鯊以爲雅也, 仕而殺人以爲榮也, 屠而殺牛以爲飽也, 一爾."

翁亦勃爾怒曰: "汝敢欲仕家? 獵釣與仕, 皆以己意殺也. 汝受人指以戕, 有勞之畜而求之錢, 尙謂不鄙哉?" 巨福啞然笑曰: "小人蚩蚩蠢蠢, 曷從聞仕事? 小人夙與宰相隣, 見宰相. 有客來, 宰相之軀短也, 而客曰長, 宰相之腰曲也, 而客曰直. 是客之去, 未幾再來, 而名已書黃紙矣. 宰相之軀短也, 而客曰短, 宰相之腰曲也, 而客曰曲. 是客之去, 急招前客, 付耳囁囁. 未幾, 而曰短曰曲者, 聞已刑死, 囁囁者再來, 而身已披緋袍矣. 受人之指, 同也, 戕之而有求, 亦同也. 但未知夫短短曲曲之人, 不比乎耕畜之勞, 而好官與多錢, 相去其遠近也."

翁憮然强應之曰: "汝之所較, 猶有異焉. 汝手執凶器, 屎涴履, 而血漬袖. 若仕則有諸?"巨福又啞然笑曰: "翁之分揀, 果區區至斯耶! 長人之短, 直人之曲, 以黃其紙之色, 不幾乎涴屎之屨, 而殺短短曲曲之人, 以緋其袍之染, 奚別乎漬血之袖? 巧織憲章, 盜弄金木, 又何如? 吾揮吾斧者, 小人蚩蚩蠢蠢, 只述鄉隣之見而已. 翁, 士也, 不究乎事實之精, 而徒論其粗, 不覈乎心術之微, 而徒執其顯, 雷同故俗, 畏畏而侮侮. 嗟乎, 不慨然哉?"

翁乃語窮, 從容而謝之, 揖而送之門.

• 『方便子文錄』 卷3 「板街店遇篩商記【己卯】」

王京回我驢, 板街孤店宿. 時花遠近開, 山禽隔樹哭, 己卯三月初也. 對炕有商人群憩, 夜濃, 聞一商醉語頗長, 余不之省. 終之以『史記』「伯夷傳」, 誦一遍, 音節淋漓, 俚讀分明. 及至'巖穴之士, 趨舍有時, 若此類名湮滅而不稱, 悲夫, 閭巷之人, 欲砥行立名 , 非附青雲之士 , 烏能施於後世哉', 矜憤嗚咽, 殆絶聲. 復作悽悽, 如么絃按而寒溜滴也. 驚而訝之, 急起而趨之, 寂然但蓬頭數四客矣. 問誰, 俄誦「伯夷傳」者曰: "我也. 鎭安, 朴姓人也. 不道名與門閥矣, 現今僕織篩賣矣."

責之曰: "子必仕裔, 有志氣, 能屬文. 苟患貧, 寧少求食術, 乃于篩織賣乎?"

客愀然久之, 輾爾笑曰: "吾于場屋, 蹟旣屢, 親轉老,兒又合, 學恐不廢, 竟以寒餓死. 且念今人爲世用也, 逢年不係力田, 豫樟不竟爲梁. 故無奈吾無力何, 自委乎不競之塗. 夫求食之術, 亦多. 然不蘊吾之有, 必盡爲人取者, 唯商耳. 粗不能以掩乎精, 常無贋材來混者, 唯篩耳. 是以自甘爲名之賤, 不計爲利之小, 從事已弊十裘葛矣. 夫仕宦, 求食之鉅利也, 文學, 取仕之勝算也. 必有有力者居之, 能屈衆小利, 役諸拙算. 故古來言議, 皆由其所發, 自正而雜它, 自貴而賤人, 爲它人者, 亦低首受之, 汔不敢抗辭. 故生亦責我爲褋賤耳. 以實則織篩與織文, 猶布於錦也, 食市與食廩, 猶鬴於庾也. 以鉅勝, 不及若無競, 吾有之."

曰: "子言達矣. 子亦文矣, 故知斯爾. 不文, 無所悟, 無所悟, 賤而已, 文學可夷鄙事乎哉?"

客乃揚眉扼腕, 三起立復坐曰: "殿者也, 止于夷乎! 人於萬物, 自號最秀, 以文也. 天與鬼神, 於萬物, 最薄人, 亦以文也. 天以莫測爲天, 惟文測之, 測之不已, 遂斷之, 斷之不已, 遂忽之. 鬼神以幽爲鬼神, 惟文明之, 明之不已, 遂窮之, 窮之不已, 遂無之. 故天與鬼神, 捨文無所仇, 仇文斯仇人. 故萬蟲之生也, 各畀以其所能寒暑者, 必使宅乎所衣食之內, 獨人也, 墮之以艴然之身, 性之以不山産之粒食, 惟其衣飯, 必待自備也. 故巧者竭其思, 拙者爲之使, 遂至山川卉蟲, 靡不在所害, 畢竟自相害無已時. 故歸谷氏之言，人萬物之盜，天地人之盜．其遇之薄，固已深矣，況人而又文，衆弊之母！在昔頡皇，始刱六書，天驚而雨之粟，鬼神怒而哭于夜．顧可以此事自巧，能不忤于天與鬼神，能不集毒乎？頡皇後數萬千年，吾未見以文其身自厚者，集毒之跡，歷歷數矣．夫人身受苦器也，文學毒身需也，故出世者，先以哭，及其養也，所厭者文．赤子靈性，非不是豫見，然猶日撻以教之，世訓以習之，以必充其求食之大慾，實不知其自取毒身爲足大哀也．故論命厚者，爲人無所知，爲上，有知不能文，次之．若其多知能文者，常有無形之刑，嬰于四體，無根之火，灼厥臟腑，此生與吾所共不幸．吾惟以脫去，稍晩年無所拘．生尙在沒溺之界，外大談而中積憂，其謂不大哀乎？雖然，吾言激，不堪傳于世，生其聽之而已."

余異其人，憾其論，不順戒，以有是記.

- 『方便子文錄』卷3 「盜俠敍【壬申十月作】」

朱子『綱目』書刺客以盜，刺客之行，冒法而害人，乘未備而逞其忿，其爲盜也，信矣．然三代凡民之俊材，乃從事於此一時之俗，爭慕仰之，文士之稱述者，太史遷以下，蓋未已焉，何也？天地生物，間不無凶毒可惡之種，苟究其用，莫不有效於人民者．猫虎之凶，可以祀蜡，礜砒之毒，可以功疾, 則刺俠之行, 亦有所愉快於無告者之心胸, 固是季世薄俗, 不可無一者.

夫古者聖人之慮民, 亦周矣. 禮之所棄, 刑之所取, 刑之不及, 有兵以濟之, 以爲罰惡之具, 於斯盡也. 然至於刑兵之所不加, 自不能無法外之刺. 盖世治則尙德, 世亂則尙力, 固無可待刺俠之事.

惟於治已降亂未漸之時, 民之爲病, 不顯而甚深, 有位者, 脅以勢, 無官者, 任其富, 武屈元元, 惟臆是恣. 哀彼孤弱, 何辜値斯? 苟諛則家蕩身辱, 方命則前鉅後钁, 如狗於虎, 死不敢作聲, 如蛆於蟻, 力不能抵衆, 手足莫措, 死活俱難. 司殺者, 不敢聽其理, 專征者, 不肯討其罪, 九重深遠而不得訴, 上天冥漠而若無聞. 不善百殃之聖訓, 旣不能沮其猛, 輪回報應之佛說, 又無足怵其頑. 凡所以禁暴救弱之術, 到此並窮矣.

嗟乎! 均是天地所生, 獨受寃枉, 一酷至斯, 行路髮豎, 鬼神孤傷, 和氣損而霜嘆至, 遂怨毒結而瘟瘵作. 當斯時也, 若或有氣質忿戾, 膂力勇健者, 其爲之洩其恨, 試之一二, 以驚愕其餘, 使之知少自戢者, 雖其制行有遜於禮刑之齊之者, 其風所聞, 剛者感泣, 懦者有恃, 不害其爲天吏之淺小者也.

在昔戰國之世, 俠風大煽, 逮秦漢少衰, 及夫唐宋, 法令滋密，遂罕有見焉．我東自前代規橅謹嚴，絶未聞遊俠之習，刺劒之技，民俗所謂義俠者，擧不過言語扶弱，貨財周急．如以近世論之，李春長之蕩子，李在咸之病狂，並非所可名而得名，李珪·姜壽平輩，乃不免盜跖之居民間，則傚嘗疑怪．豈於左海之大，獨不産過激之一人，不暫出現近千年之間乎？及聞數三可駭之事，始悟刺俠之道，亦有隱現之殊．我東之俠，皆在隱其名而泯其迹，雖其心之慕乎古，爲轍未嘗踵也．雖其事之不足以爲訓，尙恨一世之人，初不知有此也．故略敍吾所見聞者，以見此輩必不絶於來後，爲暴之人，庶幾愼畏之也．

1 余舊居畿，同鄕有一朝士，虐取其奴數萬錢，置臥側，朝看扃鐍如故錢無有矣．急令人四偵見，一婦人立斷崖上，容貌類十七八歲男子，然猶婦人裝也．呼偵者，投下一封物曰："急歸，與汝主．" 言訖踰山去．厓甚峻不可上，遂歸．致封開之，見有繡枕當一雙及書一紙．朝士色變，遂不復詗盜．或傳其書略曰："三年前，汝招人妻同寢．吾取汝共枕之枕以來，庶汝惡能自悛．今若不然，將又取枕上物，數萬錢足道哉?"云．

2 又余少時，遷海南，邑底有一傻角曰林占房．不知占房是名是號，但呼占房，輒應．年可四十餘，貌甚醜，不解文字，嗜酒與投牋．無親屬，亦無家産．只其性爽直，且寡求. 客遊海上, 吏校之富者爭接之. 余雖數三見, 未嘗留意乎厥爲人. 及歸道, 靈巖宿旅店, 主人輩窃言, 昨夜某村某翁, 猝嘔血死, 人多疑海南林傻角爲也. 余問: "林傻角, 占房乎? 何以能令人嘔血死?" 曰: "此人勇捷絶倫, 見人豪强者, 輒扼腕. 或乘夜入其室, 潛刃其喉中, 所以令嘔血死, 猶以外無可執, 且懼怕日後, 未敢有究覈者. 某翁富戶, 恒厲民爲事, 此人不勝憤惋. 以是疑之." 問林根脚, 曰: "不知. 或言兩班, 或言不然, 遊此近地, 已有歲矣." 余時行急, 不復詰其詳.

3 又壬戌年間, 湖西冷族李恭民來京城, 喜言古任俠事, 輒慷慨欷歔欲絶. 其人面骨戍削, 髥踈而虯結, 身長不甚長. 略能詩律, 言語颯颯, 如秋木脫而江波鳴也. 余奇之, 與之談. 李曰: "古者法網踈濶, 所以使任俠自肆, 後世犯禁必死, 或時有俠客, 不敢兵刃隨身. 吾湖多豪族, 往往魘夢死, 由是也." 余曰: "近年都下有一宰臣, 因禍機將及, 一夜暴死, 人謂其服毒. 有一卿, 於夕時感微寒, 夜未午已死, 人謂其中惡. 此豈或其爲歟?" 李曰: "君所語必某某也. 吾不知其死狀, 而某宰弄權, 朝野側目, 某卿亦有數事積怨於人, 安保其無疑也? 若然何以得無死乎? 氣勢方張之時, 必待其有罪與有病. 曰有罪, 故人謂服毒, 有病, 故人謂中惡, 此以自諉其迹也. 矧人禍福有數, 若厥方盛,雖寃家亦無奈何, 必待少衰, 乃促之耳." 余因詰其嘗有此擧否, 則苦諱不言. 旣別, 聞其所從遊四五輩, 並極殊狀. 未幾恭民病卒, 無從更問.

4 又近日, 一貴家子, 嗜酒, 喜淫人妻妾. 猝有客賺賣買, 願踏驗田地, 偕往, 至僻路, 抉貴家子兩目, 石壓殺之. 仍逃, 莫蹤跡.

5 又一學士, 舘于其昆官府, 聞教坊一良婦賓焉, 有姿容, 招之. 婦携旨酒至, 旣夜, 苦勸學士醉倒. 乃剚刃其腹, 抓出腸胃, 遂直上政堂. 尙燭未跋, 手批官頰曰: "汝教弟驕恣, 往年路値吾夫, 强下之馬, 吾夫墊而死, 吾乃今報之. 然吾士族女子, 倒行逆施至此, 義當死, 死不當用刺汝弟之刃." 更抽身畔一刀, 自刎死. 官急趍弟所, 已朏矣. 莫究婦何方人氏.

噫! 以儆平生, 罕出入寡見聞, 猶得此數人, 更不知已往未來, 茫茫數千里, 如此輩何限? 但其爲術甚泯然無迹, 使並世無從得之. 古今載籍, 唯『亂離雜記』都慶俞事, 及李弘德著「江上烈孝女傳」, 爲可據耳.

記曰. 丁丑南漢之圍, 慶尙左兵使許完, 右兵使閔栐, 合兵四萬, 勤王, 至廣州雙嶺, 爲賊兵三百餘騎所破, 死之. 初慶尙監司沈演, 以前庶尹都慶俞爲從事官, 軍中事一委之. 慶俞斬右兵使軍官朴忠謙示威, 督進太急, 遠邑之軍,太半未到, 粮餉在後, 不得已進兵. 軍卒盡棄衣裝, 所着單衣, 剪以爲短, 並日而行, 無不凍餒, 軍情已潰. 雙嶺之敗, 皆謂由慶兪. 賊退後, 慶兪自京南還, 中丸而死, 慶兪家謂, 忠謙兩子報讐, 告官, 逮獄兩年, 竟以疑獄蒙放.

傳曰. 鄭判書載禧家, 在銅雀江南. 一夕有一童子告乞, 年可十二三, 貌甚姣好, 從一僮亦姣好. 載禧問其居住姓名, 不答, 但曰: "兒父從客商責逋奴於湖南, 商利其有, 殺而攘之. 兒遂貧乞至此."舍諸空廊室中, 隔壁一老嫗竊聽. 夜深, 其僮自外至曰: "迹得之矣. 在第三店第二臥北首矣." 童子泣. 僮曰: "娘子但泣已乎? 追之逾年, 今失其機乎?" 遂與治裝, 戶窾窾開. 老嫗怯不敢蹤. 旣朝, 聞有盜入店, 殺商人, 刃其胸四射, 裂之首諸街矣. 載禧始悟其爲女子與女婢, 爲之涕下. 發隸探偵, 竟不得. 此非徒孝與忠之爲烈, 而其忍事之量, 投機之勇, 滅迹之智, 有非壯男子所可及. 以其發迹於江上, 謂之江上烈孝女云.

荊軻聶政, 雖突如於千古者, 朱子猶視之以盜. 若論數輩陰祕者, 荊聶亦將視此流以盜也. 故作盜俠敍.

제5부

• 『方便子文錄』 卷1 「淡巴草賦【壬戌正月, 止烟草作】」

有詰於烟客者曰: "子之吸烟也, 亦已甚矣. 損簞食, 而供爐筩之具, 廢案書, 而任切爇之事, 造次不忘, 恒久不置, 其殆無所用其心, 自放於烟者也. 有說則已, 無說則亟從吾言也."

烟客擧首仰天, 三歎而言曰: "有是哉, 君之排淡巴也! 如君者芻豢飫其口, 宴安泰其身, 雖或隨衆而爇, 其不知味, 亦宜矣. 若乃僕之嗜, 則豈得已也? 土於東峽, 穫不稱耕, 歲聿其莫, 一空瓶罌. 老親憂而不形於色, 稚子惱而不絶於聲, 家人詬詈如賤隸, 鄕里指目爲庸傖. 日已旰矣, 無計可施, 命已窮矣, 雖施計而不成. 此固不可堪, 而猶非甚者也. 至若乾坤納納, 一身靡適, 流離于蠻貊之邦, 居停于癰疽之厄, 四顧無舊知之面, 獨處有醉罵之客. 況復時及昏夜, 風雨竝作, 孤燈守我而不滅, 群蠍侵人而來螫, 攬衣起坐, 何所不思? 撫年紀之老大, 念名節之支離, 惜天賦之無用, 愴人事之多違. 旣吾身之丈夫, 何悄悄于小兒? 忙千年於屈指, 小六合於揚眉, 殆發狂而不得, 寔沈病而難治.

于斯時也, 信右手而近探, 得一條之銅竿, 撮辛苦之毒藥, 引焦燥之炎端, 受靑烟於輔頰, 納薰味於肺肝, 借彼物之活動, 伴我生之孤寒. 於是, 胸火稍稍降, 口津稍稍生, 思慮稍稍失, 夢寐稍稍成, 君亦嘗知之乎?”

曰: “今日始聞是艸之有奇功也.”

烟客笑曰: “不然. 一理屈伸, 何災何瑞, 如鏡之滿者, 如鉤之細, 爲秋之零者, 爲春之蔚. 君子之道, 在素其位, 安樂患難, 不變其志, 胖體廣心, 天莫能試. 僕本小人, 喜怒太易, 强牽外物, 乍激乍慰. 苟心力之有定, 寧一草之自累? 上古未聞或吸烟, 尙能養浩然之氣.” 遂自是輟去淡巴, 永不復以爲事也.

- 『方便子文錄』 卷2 「菌說」

彼菌何氣也? 天有霪霖之時, 地有汚濕之處, 木有腐敗之病. 三者固萬物之所同不幸, 而菌獨以爲生氣, 眞所謂純陰也. 『大易』, 謂剛以君子, 謂柔以小人. 或者疑君子寬慈, 小人狠毒, 剛柔之名, 不侔其實歟.

方便子曰. 子不見夫菌乎? 因蒸而成, 見晛而消, 天下之物, 莫柔也, 而其毒往往能殺人. 又不見夫松乎? 其本可斬, 而不可肄也, 其枝可折, 而不可揉也. 春夏秋冬, 各以其消息之氣相尙, 而終不能爲異於是樹, 其剛可知也. 而自其皮葉花實, 以至于根下之贅, 節上之膏, 皆足以爲服餌浹洽於骨髓之間.

是故剛直者, 寬柔之威儀也, 柔荏者, 狠毒之情狀也. 勇於自守, 則必仁於待人, 甘於見利, 則必毒於修隙, 此內健外順, 與內柔外剛之別也. 庚申立秋, 霖雨, 見菌而說.

• 『方便子文錄』 卷2 「哀霜蟬賦【九月】」

蟬之族不一. 其早者, 曰螗蜩曰蝘, 絶大者, 曰蝒曰蚱, 最小者, 曰蠀曰蚻, 其晚者, 曰蜫蟧曰蜓蚞曰螇螰曰蜺. 又有曰蜸曰蟪蛄, 而『淮南子』: "歲暮兮不自聊, 蟪蛄鳴兮啾啾." 余嘗疑歲暮安得有蟬. 及丙寅九月, 慘霜旣降, 有蟬鳴在柳樹之間, 其聲低微, 不若向時之激烈, 而深抽長引, 幽怨則過之, 始知所謂寒蜸蟪蛄者, 與早秋之蜺蜫, 迥然矣. 唐詩云, '絡緯秋啼金井闌', 則蜺蜫之屬, 方像絡緯聲樣. 或者所謂絡緯則蟪蛄者, 又失之也. 余悲夫是蟲之均爲蟬種, 而獨丁此無樂之辰, 因以感萬物之形性族生, 何其甚不齊也. 遂作一賦名之曰「哀霜蟬」.

試且觀夫, 天職不息, 地職不動. 日月熒晶, 雲雨滃澒. 鷺白鴉黑, 鳧短鶴長. 蚿百足而夔一, 螽股鳴而蜩旁. 花早晩於梅楝, 葉闊狹於梧楊. 麥仰黍俯, 榎圓楚方. 及峙融之山川, 暨冷熱之冰炭, 伊分形之百種, 係受氣之萬段. 又若乳虎以噬物以快，騶虞以傷生爲驚．蟻集慕羶，牛噤惡腥．猨猱陞高不休，蟹蛸鑽深不止．鵷雛忍飢於醴泉，蜣蜋貪飽於穢矢．蟋蟀悲唫而自遣，蠛蠓紛蜚而相矜．人則或丘壑以爲高，或鐘鼎以爲能．徇名者輕生，貪財者勞幹．吏細而俠粗，農積而賈散．奢儉各適其性，狂矜各守所聞．斯所謂三千世界者，罔不自有其欣欣也．至如崖羊海魚，險與坦矣；冬松秋草，脩與短矣．日不蝙蝠，天不醯鷄．蒲蘆以螟蛉爲子，阜螽以蚯蚓爲妻．造化於物，何淵何滕，物乃殊族，或瘡或髮．況復一水之波不均，一樹之枝不齊，浪沙參差，風花高低．驪有時而鹽車，獜有時而大野．斷或棄於溝中，焦或鳴於竈下．譬諸彼叫之蟬，奚獨後生於霜露？汝固無憾於天地，而余誠不知其何故也．

• 『方便子文錄』卷3「紅豆贊」

紅豆，木實名，不是『本草』高良薑子紅荳蔻也．本名，相思子．藥家取並糯米炭，藏龍腦，不耗，用止此爾．唐王維詩，發其迹曰：“紅豆生南國，何年發故枝，願君勤採擷，此樹冣相思.”蓋在天寶世，寓言以懷主．及明亡後，錢謙益借名其詩集，是自懷主，轉爲墟國感耳．

說者謂古相思者，淚滴所生，故移栽他方不活，種其子亦不生．江南所產，皆圓小，如雄黑豆，但色深紅，近蒂有一彎紺色, 故亦名蛾眉豆. 謙益妻河東君墓前, 一樹獨結實, 匾大如棊, 子房無紺彎, 謂之大紅豆. 華人銀餙作寶佩.

嘉慶年間, 學士翁方綱, 以書畵尙古, 開門戶, 其學專尊蘇長公, 務多畜古器, 自號紅豆子. 中外諸國好奇者, 爭投交, 其交也, 必遺紅豆, 以表憧憧, 遂成一時俗. 彌甥李鷺脩, 嗜博雅, 且長筆墨, 得此於翁, 以贈余幾枚, 余觀其物異也.

夫木實, 核堅肉不堅, 穀粒肉堅, 皮不靭, 此實木結而肖豆. 況色性可充爲寶類, 尙故實未及有詳者. 爲作一贊, 謝鷺脩, 兼使東人知紅豆譜派. 然其在王錢托意不淺, 及今爲情贈, 惜翁氏小用大材哉!

昔人懷人, 必有所捨, 詩贈芍藥, 騷貽杜若, 夕萎之華, 尙標爲寵, 矧玆靈實, 相思之種. 厥初者誰, 情死情生, 情淚滴地, 樹木乃成. 有團其結, 非穀非核, 如約斯堅, 如裹斯赤. 一彎深黛, 以象淸揚, 而狀宜佩, 而性宜香. 珊瑚瑪瑙, 琢磨乃圓. 猫睛瑟瑟, 石暈偶然. 何如玆珠, 情根所化. 賫去他邦, 莫能移稼. 右丞起謠, 虞山名藁. 弔墟興感, 托用已早. 有馨翁氏, 翰墨之府, 愛才重交, 四極一戶. 有五同心, 遺之紅豆. 紅豆之遺, 君子之覯. 迢迢海東, 散落如螢. 葆在巾笥, 耀及門庭. 我從絳茶, 分厥中懷. 萬里三傳,詩詩相階. 美人之貽, 況物其美. 令人不諼, 物毁是視. 紅豆珍品, 絳茶高調. 莫聞于廣, 下士大笑. 我昉作贊, 屈橘周蓮. 茫茫千劫, 徵厥因緣.

• 『方便子文錄』 卷3 「戱補本草二條」

1條. 通寶, 俗名家兄. 味甘, 氣大熱, 純陰, 有大毒. 入脾經·胃經, 又爲心經. 引藥治虛, 通用善, 療飢禦寒, 明目壯膽, 益氣輕身, 散憂愁, 蠲忿怒, 駐顔色, 理口舌, 除百患, 解萬毒, 能伏一切老少男女. 通關節, 去拘攣, 有伸曲疏滯, 起死回生之功, 在處有之.

出銅鑛, 以風爐製之. 形圓, 如甘菊花大, 中穿方竅, 受繩索. 一面有文字, 記時君年號, 或別記美稱. 採無時, 深貯待用, 用時數其葉, 以代銖兩, 多至千萬. 有神若傳人手, 稍久能生子, 若散之日中, 能變成意中百物, 藏在家中, 能令遠近人自至. 無此, 則以金銀代用.

『活人書』云: "心渴, 非此, 不能除, 力微, 非此, 不能起." 『千金方』云: "反生死, 變寒熱, 須用此. 要祛客邪, 養正氣, 勿用." 時珍云: "君藥也, 無所不行, 無所不制. 鬼精爲之, 使與諸人相反, 得酒大發散. 本性走而不守, 以節用之. 良誤服, 輒殺人."

折臂子曰: "余嘗以不食得病, 腸鳴少氣, 目晥晥無所見. 家人以此藥少許, 化開白粥服, 頃刻微汗, 氣力生出, 是補劑也. 一隣家有事不遂意, 渾室頭痛, 不能語, 面色青黃. 旣得此幾兩, 便脫然愈, 面色敷腴, 是和劑也. 頃歲科擧, 擧子病胸中空洞, 以此爲佐藥應之, 更慮或下陷, 多納此藥以陞之, 遂占高第. 嘗聞某官質本寒弱, 病滯下, 醫教以六月十二月, 峻投此藥, 使操衡者運之, 每服輒效, 遂遷至高位, 是上升藥也. 又嘗遍驗, 有壓而屈者, 以此得理, 客忤爲患, 以此解之, 是快氣藥也. 陰貴陽賤, 或陽貴陰賤, 不相敵者, 並以此和合之. 若當春令, 不能服此, 多成孤陽獨陰, 竟不治. 無子者, 有此輒得嗣, 是生藥也. 有囚病重犯, 將死, 用作大劑, 一服便活, 是不死藥也. 已死之人, 以此能滌垢, 亦能發聲, 是神藥也. 閭巷之子效婦烈, 必入此藥爲使, 方收烏頭之效. 衣冠丈人, 施此藥, 潤人聲喉, 乃以君子湯命名. 故諺曰: '以汝致人, 有血咸親, 以汝使衆, 死不知痛.' 是聖藥也. 雖然宜少服, 而多服必有害, 輕有脣舌之傷, 重則渾身黑色, 是毒藥也. 如以其難求採, 所不當採, 幽有鬼箭, 明有大戟, 其兇不勝說, 是滅性命藥也. 是故常服久服, 雖不可缺, 亦非堪以妄取入口者. 今錄經驗, 以使世之有病者知禁."

2條. 文章, 本名立言. 味辛苦, 氣寒涼, 陽中之陽, 無毒. 一云有小毒. 入心經, 又爲肝膽經. 引藥主治丈夫百病, 亦以養乳兒, 調婦人, 療一切濁氣. 滿胸開心, 孔明耳目, 益智壯膽. 長氣格, 潤聲喉, 去穢垢, 通神明. 其良者, 有動造化, 安天地, 定百務, 遂萬生之功, 處處有之.

本無種子, 感一時, 清秀之氣, 生于名山大川之間, 採無時, 製法不一. 大概多取其陳久糟粕, 吹咀屢遍. 臨用, 入松煤兔毫楮白皮以成之. 或四字爲一段, 亦有五字七字者. 或不拘多少, 只引長爲大製. 或令兩段相同, 謂之一對. 種種形體, 隨造不同, 各有名稱, 不可盡擧. 服之者, 有取其聲響, 有取其色澤, 或只取其味, 或幷取其性, 或專用其骨, 或幷用其心. 旣用訖, 輒被之梨棗, 以備後人又取以㕮咀. 雖年久生蠹, 猶不棄. 然此藥有時而貴, 亦有時而賤. 貴則犀象珠玉, 不能較其價. 賤則一世之所薄, 萬人之所轢, 其爲慚耻, 卻無所比矣.

『難經』云: "骨朽非此不能止. 要好顔色, 實腸胃, 勿用."『至敎論』云: " 君臣佐使, 無所不宜, 上行下行, 任意攻補. 若入陳王丹·射干湯, 內爲佐使藥, 入太平丸·玉燭散, 內爲君主藥, 亦爲臣藥. 入君子湯·至聖丹, 內爲行經藥, 入解鬱湯·忘憂散等, 爲單方藥. 花鳥爲之使得酒, 良與金銀相反, 畏蛇蝎之性, 忌犯粱肉氣."

『直指方』云: "此藥古今常用, 不可闕. 但性多畏忌, 嗜服成劑, 無不受損. 又不可違時禁, 失時而用, 反泄眞氣.

欲內守, 有煎厥之苦, 欲上升, 有滯下之患, 失志敗身, 在在相望. 非藥之爲害, 時令之不同也, 且有魔鬼隨之, 必伐其天和故爾."

懷璧翁『經驗書』曰: "古有左姓人, 用此合青竹乾漆, 爲大製, 終不免失其明. 又有屈氏, 用此治風瘙, 顏色枯槁, 竟投水死. 龍門男子, 有以此療天下人善忘, 而其陰丸腐傷. 蜀楊氏喜以此燒作玄色服, 猝落傷有失身之證. 栗里人作散服, 腸鳴善飢. 李·杜二氏同時俱和酒服, 一顚狂墮水死, 一霍亂死. 潮州一太守, 柳州一太守, 眉山蘇家二子, 雙井黃太史, 俱長于用此, 製爲各方, 播傳天下, 皆終身病癆. 北地一軍人之孫, 力追古人服法, 再幾被楚毒, 死濬縣. 盧少年常以此作奇方, 用之幽鞫, 瞀眩至發狂病."

此其最大著名者, 其餘歷世諸生嗜此, 不止以困滯其身多, 未可殫其數. 至於急中其毒而死者, 漢之楊惲, 魏之禰衡, 隋之薛道衡, 唐之王勃·劉庭芝, 東邦之李崇仁·權韠, 幷堪爲世鑑. 然且不以戒, 至今犯之以自苦者, 往往不已, 如李赤之必投溷中, 歸登之强服水銀, 自謂有至樂存乎其間, 遂庸忽其性命. 吾誠不知其何癖然也.

제6부

• 『方便子文錄』 卷1 「詩管窺序」

嘗論之, 詩家有三取, 而才之銳鈍不與焉, 氣一也, 癖二也, 江山之助三也. 得其一, 則可詩, 得其二, 則能詩, 得其三, 乃成其爲詩. 古之爲之者, 罕而精, 今之爲之者, 稠而牿, 牿之日甚, 莫可復毉. 然毉之之術, 必先定古人之品. 旣品高下, 而門路斯擇, 旣擇門路, 而三者之效, 斯有所着落矣.

夫古人著詩, 必先鍊意. 意鍊然後鍊語, 語鍊然后鍊字, 字鍊然后鍊句, 句鍊然后鍊章, 章鍊然后鍊格, 格鍊然后鍊體. 至於平仄押韻景情對偶, 乃餘事也. 意不婉遠, 如無語也, 語不切實, 如無字也, 字不工緻, 如未成句也, 句不圓熟, 如不成章也, 章不整齊, 如無骨格也, 格不瘦健, 如不由古體也, 體不由古, 無詩已也.

慢棄七事, 而徒區區於平仄押韻景情對偶, 故丈夫也, 而其氣纖弱, 士子也, 而其癖卑陋, 文人也, 而其言穉昧噍殺, 不復與天下江山相參也. 嘅哉! 漢魏只鍊意, 齊梁只鍊語, 晩唐只鍊句, 元·白只鍊章, 盛唐只鍊章句, 西昆只鍊字, 東坡只鍊格, 九僧四靈只鍊字句, 明淸只鍊體. 惟其七事不備, 不深於道也.

七事之備, 唐有老杜, 宋有江西, 東人之麗晩鮮盛也. 余故以爲老杜當爲近體之開山祖, 而岑·高以下, 多有元勳, 山谷·后山·簡齋·居仁, 當爲四聖, 而范·陸以下, 亦多有配食, 鄭知常·金之岱·李奎報·李穡·朴誾·李荇·盧守愼·朴枝華·黃廷彧·崔岦, 當爲十哲, 而其餘亦多有入門者. 遂取三國之詩, 論其各樣模楷, 畧擧一二而見其例, 庶使後之學古者, 有所鄕導, 名之『詩管窺』.

歲丁巳七月下弦, 方便子序.

• 『方便子書牘』 1 「又【九月十六日】」[1]

數日不見足下, 輒誦平日之語, 以自慰其離索. 自觀「祭柳四郞文」來, 每歎足下才之高而志之畫也. 有才如是, 不工行文, 豈以爲無益耶? 抑鄙時俗之文, 羞與等伍也? 文章之實用, 莫先於行文, 今乃置之詩後, 僘所未曉也. 夫時俗之文, 爲識者所鄙, 以其無宗師也. 不求古人之一體而作門路, 而廣取百家, 强聯句節, 是猶臂馬而跨鷹, 皆不勝任矣. 甚者自信手腕, 任其所書而已. 是故科場之儒, 其文

1) 『方便子書牘』에는 제목이 「又」라고만 되어 있는데, 이는 「與尹仲和」 다음에 실려 있으므로, 윤흡(尹潝)에게 보낸 편지임을 알 수 있다.

陋，訓詁之儒，其文局，詞律之儒，其文率，數者俱失，而天下之無文，久矣.

僘嘗以爲文，有三觀，而全篇之體，不與焉. 其始連文讀之，以觀其風韻音調，次又逐句沈吟，以觀其字句節拍，末乃掩卷而思，以觀其意味精神. 意味也者，如玉之有英英，如蘭之有馥馥，驟而索之，卻無所得，而自然生乎其近，及乎其遠者，有不可掩藏焉. 精神也者，一以貫之也，雖斷續如子瞻，衍縮如子長，皆未嘗不貫之以一也. 一之爲物，操筆蘸墨，先得於胸中，而非後於筆墨也. 未得於胸中，强求之筆墨，則潰散已不可收矣.

子濯孺子之於尹公他·庾公斯，以射相教而傳之，則心也. 曉劒者，必閱千劒焉. 射小藝而劒賤業也，猶有所師承，以爲不如是則無以爲精也. 況復文章得天地之精英，成於心性，而動於風俗者乎. 文章之家，必宗前人，若無宗師，豈復有成哉?

夫問答之文，莫若『魯論』，斯空同「化理篇」之所以奇也. 訓詁之文，莫若『公』『穀』傳，斯傅氏『小正解』之所以精也. 褒貶之文，莫若『春秋』，斯朱子『通鑑綱目』之所以整也. 譬喩之文，莫若『莊子』，斯東坡諸記之所以神也. 欲記事者，莫若「檀弓」記，斯司馬『史記』之所以勁也. 欲縱橫者，莫若『國策』，斯東坡「策略」之所以達也. 欲善辭者，莫若『

左氏』, 斯后山諸書之所以約也. 欲格神者, 莫若「九歌」, 斯昌黎祭文之所以感也. 欲括地者, 莫若『山海經』, 斯滄溟遊記之所以密也. 欲形器者, 莫若『考工記』, 斯沈存中晷漏議之所以曲也. 衆子之文, 或得前人之肺腑, 或得前人之面目, 並能成一家之法.

今人之才, 不及衆子者, 必不過如衆子之不及前人. 然卒莫有繼之者, 何也? 東人之彦曰: “聞見之賈, 勞心而死.” 天下之物貨極多, 而人各有一利於偶然者, 皆勸以是, 而賈之誠乎難所從矣. 古今文字之多, 不下物貨, 而百體紛然, 莫適爲主. 是故喜用故事, 而有鬻冥器之譏, 自我刱古, 終不免被髮而野祭.

至若足下, 則前人之書, 非不熟也, 衆子之取舍, 非不審也. 徒以不嗜之故, 不求宗師, 宗師未得, 而漸不能嗜. 苟欲能之, 只在一念之轉耳. 愚言至此, 或不無百一之助, 謹當拭目翹足, 以俟采聽, 未知足下以爲如何.

- 『方便子文錄』 卷2 「論道統」

世之言道統之傳者曰: “堯以是傳之舜, 舜以是傳之禹, 禹以是傳之湯, 湯以是傳之文武周公, 文武周公傳之孔子, 孔子傳之孟子.” 余嘗怪其言. 若以爲此授彼受, 有意乎相與焉爾, 蓋堯舜禹之相傳, 宜也, 禹湯文武之相傳, 不得已也, 周公之傳孔子, 不幸也, 孔子之傳孟子, 苟而已也.

夫衆民之生, 必有一人爲之最優矣, 則必以是一人爲君, 使之治其在下者, 此師道之所以設也. 及其老耄也, 則又擇其在下者之最優者, 以代己位焉. 此堯之宜乎傳舜, 舜之宜乎傳禹, 而天之生聖人之意得矣.

當堯之世, 未嘗無梗於治者, 一曾以堯之子, 應堯最優者之求. 故及舜之代位, 而堯之子, 不肯遽以退爲心, 直至韶音之盡美, 然後乃始德讓也. 禹惟是之鑑, 而遂慮夫後世爭端之無所極也. 嘗使夔典樂, 以敎胄子矣, 及乎舜之子不肖舜禹之子肖禹而後, 舜傳乎禹, 而禹傳乎其子. 然未必其子之子, 必皆肖其父, 故爲師之德, 愈久而愈失. 於是乎, 天爲之擇其在下者之最優者, 使之起而代之. 此湯與文武所以得之, 而猶非以其道授受也. 故曰: "不得已也."

雖然, 至是之世, 猶未嘗有不得位之聖人. 一自周公補其兄之子, 以行其道, 而聖人與王者, 遂判爲兩地, 開學與治民, 各分爲一事. 遂以孔子之聖, 不免爲無其位者, 使斯民不復得被至治之化, 則不幸之甚, 孰大乎?

夫在下之師, 旣專以敎人爲任矣. 其所以敎人者, 必欲皆如螟蛉之類我, 而曷或有先傳後倦之心哉? 徒以學者之氣質有明愚之別, 志意有誠慢之殊. 幸而得聞一貫之要者, 天奪顔氏之後, 惟有一曾子而已, 則子思孟子之不絶如綫者，夫亦或聖人之所願而致之乎？得無是斯文日衰？後生之企及前輩者，極尠，苟而有一脈之相傳已也．猶然而後之言道統之傳者，乃曰：“此其宗統也，彼其支脈也．宗統之傳，雖復屢替，而猶得爲其嫡也，支脈之後，假使倔起，而尙不得爲其正也．譬之知國無二王，祭無二主.”殊甚可陋也．

至于近世，此風日煽，其學者，不肯以就有道爲務，則必擇其所繼之爲正統與否而歸之．爲師者，亦不以敎不倦爲心，則必取其可爲嫡傳之材而篤焉．此隴斷丈夫之所以賤也．甚至于好名之黨，以正支相爭也，妒其善而揚其惡，必欲正統我而支脈彼，然後乃已．遂以上及於旣骨之古人，攻擊之不遺餘力，無以異於父兄之讐也．此鷙鳥之所以不群也．夫誰料爲善之道嫡，足以害人，傳心之統嫡，足以誤人？一至於於人而爲賤丈夫，於鳥而爲鷙者，其亦由於韓子之行文，率爾以傳之爲語也．余故歷敍其相傳之由，以曉夫世俗，以聖人之意，初不在乎傳統者．

若夫孟子之言，又善焉．曰：“由堯舜至於湯，禹皐陶見而知之，湯聞而知之.”信斯言也．則今有賢人於此，有或見而知之者，亦有或聞而知之者，將無以其統派之來相高也．君子之道弘哉!

• 『方便子文錄』 卷1 「讀穆堂集」

李巨來, 一生詩文, 專爲同朱陸之異而作也, 掇取朱書, 以合象山. 其術始乎王陽明, 而劈破陽明之機關者, 陳建也. 巨來恒言辱之曰: "無知之陳建", 以余觀之, 巨來, 乃無知之李紱也. 明清學者, 門路旣左, 又日以訾宋爲業, 心地遂無不病者矣.

其失, 固不可歷歷, 姑据其一事言之. 夫朱子不可顯斥, 扶朱子之所斥, 斯斥朱子也. 故傅會史策之事, 捃摭月日之序, 謂程子未嘗與介甫論新法, 以脫王雱梟韓富首之說. 於是不得不以邵伯溫爲妄, 而必欲虛聞見錄之文. 至謂平甫不曾爲學士. 然獨不思平甫詩集, 名以校理者乎! 欲覔他人之疵, 而不謂吾之疵先自發露. 故曰無知之李紱也.

辛酉三月, 因看而書.

• 『方便子文錄』 卷3 「螺旋說【戊寅】」

歷人金宗浹, 示余其所著, 中有螺旋一語, 以迹歲差, 衆聽之易曉. 余因演之, 該盡造化綱領, 俾格物者, 得有悟端曰.

物不往者, 不能持久不敗, 故天道常往. 不窮其往直遂者, 不能致遠不疲, 故天道循環. 爲往循環者, 周一匝, 復復其始也. 往者不更爲來者, 終始之際, 居然窮矣. 故天道非眞循環, 實螺旋焉. 螺旋者, 周一匝, 不復復其始也. 似終似始, 新新不窮, 以得濟常往之術. 五星之順逆, 屢小螺旋爲一周也. 黃道白道, 交點之差, 屢一周爲大螺旋也.

無論小螺旋·大螺旋, 旣斜週矣. 其匝之終, 不更逢所始之地, 漸週漸差, 以愈往愈不窮也. 然則昨日日東出, 入于西, 今日日東出, 似復其所始, 其實躔度已移, 永不更逢昨日矣. 正月月朔生, 終于晦, 二月月朔生, 似復其所始, 其實斗建已轉, 永不更逢正月矣. 由是三十日十二月, 咸螺旋未已也. 乙年之春, 似復甲春, 木增肢體, 草遞父子, 永不復逢甲春矣. 漢朝之初, 似復周初, 召畢已壟, 豐鎬已黍, 永不復逢周初矣. 由是千秋萬歲, 咸螺旋未已也.

古人今人, 都在螺旋之中, 漸往漸變, 不可見有終始之限, 是知消天開闢之說, 止看到循環境界, 不通乎晝夜晦朔似變非變之例. 況固者, 强欲挽俗乎三代, 追文乎兩京, 自謂吾復古矣, 多見其不識造化綱領也.

서파西陂 유희柳僖 산문선
산골 농부로 태어난 책벌레

초판 인쇄 2022년 10월 4일
초판 발행 2022년 10월 14일

저자 유희
역자 오보라

본문 · 표지디자인 곽유미

기획 진주류씨목천공파종친회

펴낸곳 글을읽다
16007 경기도 의왕시 양지편로 39-7
등록 2005. 11. 10. 제138-90-47183호
전화 031)422-2215, 팩스 031)426-2225
이메일 geuleul@hanmail.net

ISBN 978-89-93587-28-9 03810

*책값은 뒤표지에 표시되어 있습니다. 파본은 바꾸어 드립니다.